Recovery Dharma

Genesung vom Leiden der Sucht mithilfe von
buddhistischen Praktiken und Prinzipien

DEUTSCHE AUSGABE

Deutsche Übersetzung (Version 1.0, Juli 2023)

Dies ist eine freie Übersetzung des Buches «Recovery Dharma» durch Mitglieder von Recovery Dharma Berlin und wurde vom Vereinsvorstand von Recovery Dharma Global nicht geprüft.

Herstellung und Verlag: BoD – Books on Demand, Norderstedt

kontakt@recovery-dharma.de
recovery-dharma.de

recoverydharma.org

ISBN: 978-3-7578-0751-1

Recovery Dharma *ist auf dem Buddhismus, der seinen Ursprung in Indien hat und später in anderen Regionen Asiens aufblühte, errichtet und von diesem inspiriert. Wir widmen dieses Buch und drücken unsere Dankbarkeit gegenüber den (süd)asiatischen Vorfahren aus, welche die Lehren des Buddha schützten und allen frei zugänglich machten.*

Wir widmen unsere Praxis[1] der Förderung von kollektiver Heilung und Befreiung vom quälenden Kreislauf der Sucht und des Leidens. Wir nehmen alle, die sich um Genesung bemühen, von ganzem Herzen in unsere Gemeinschaft auf; unabhängig von Herkunft und Hautfarbe, ethnischer Zugehörigkeit, Geschlecht, sexueller Orientierung, Alter, Behinderung oder Nationalität.

Mit sämtlicher aufkommenden Freude und Betrübnis, Befähigung und Unvollkommenheit, Streben und Ruhenlassen, Festhalten und Loslassen, ehren wir all jene, die diesen Pfad der Genesung und des Wachstums in der Vergangenheit beschritten haben, gegenwärtig beschreiten sowie diejenigen, die diese Praxis in der Zukunft fortsetzen werden.

---

1   Unter Praxis wird die buddhistische Übungspraxis bzw. das regelmäßige Praktizieren der in diesem Buch genannten Techniken verstanden.

Durch diese Übersetzung möchten wir unseren demütigen Beitrag dazu leisten, dass mehr und mehr deutschsprachige suchtleidende Menschen durch den hier aufgezeigten Pfad Genesung finden können.

Als Übersetzer*innen erkennen wir an, dass wir wesentlichen Einfluss darauf haben, wie ein Werk in einer anderen als der ursprünglichen Sprache zur Geltung kommt. In diesem Sinne haben wir auf achtsame Art und Weise Formulierungen so gewählt, Passagen so abgeändert und Fußnoten so eingefügt, dass die Bedeutung des Textes in unserem hiesigen kulturellen Kontext bestmöglich verstanden werden kann – ohne uns allzu weit vom Originaltext zu entfernen.

Alles auf der Welt ist perfekt, so wie es ist; dennoch gibt es stets Raum für Verbesserungen. In diesem Sinne nehmen wir Anregungen unter der vorgenannten Kontaktadresse freudig entgegen.

Recovery Dharma

Vorwort

Wenn wir den Entschluss fassen, von der Sucht zu genesen – von Substanzen, Gewohnheiten, Menschen oder anderem – kann das beängstigend sein. Wir fühlen uns oft einsam und verloren, denn die Genesung kann unser Identitätsgefühl, unsere Vorstellung davon, wer wir sind, erschüttern. *Wer werde ich sein, wenn ich meine Sucht loslasse?* Es kann schwer sein, sich Veränderungen zu stellen, selbst wenn wir wissen, dass wir etwas loslassen, das eine Gefahr für uns darstellt. Für viele von uns bestand die erste und größte Herausforderung darin, einen sicheren und stabilen Ort zu finden, um mit der Genesung zu beginnen.

In diesem Buch geht es darum, buddhistische Praktiken und Prinzipien anzuwenden, um von der Sucht zu genesen. Dennoch muss man keine Buddhist*in werden, um von diesem Programm zu profitieren. Eine der revolutionärsten Lehren des Buddhas besagt, dass der Geist nicht nur die Quelle großen Leidens ist – aufgrund von Verlangen, Gier, Wut und Verwirrung – sondern auch das Heilmittel für dieses Leiden. Wir nutzen also eine uralte, bewährte Methode, um unseren Geist zu verändern. Wir entscheiden uns dafür, auf unser eigenes Potenzial für Weisheit und Mitgefühl für andere *und* uns selbst zu vertrauen.

Was Du in Deinen Händen hältst, ist das Ergebnis der Zusammenarbeit vieler Mitglieder unserer Gemeinschaft. Es soll ein hilfreicher Leitfaden sein, sowohl für diejenigen, die neu auf diesem Pfad sind, als auch für langjährig Praktizierende.

Es ist um die so genannten *drei Juwelen des Buddhismus* herum aufgebaut: **der** *Buddha* (das Potenzial für unser eigenes Erwachen als das Ziel des Pfades), **der** *Dharma* (wie wir dorthin gelangen) und **die** *Sangha* (mit wem wir reisen). Wir werden darüber sprechen, wie wir dieses Programm genutzt haben, um von der Sucht zu genesen und wie wir es uns zu eigen gemacht haben: nicht als allgemeingültiger Ansatz, sondern als Werkzeugkasten mit Techniken, die jeder nutzen kann, um Linderung vom Leiden der Sucht zu erfahren.

1

Einleitung

Was ist Recovery Dharma?

Das Wort *dharma* hat nicht nur eine Bedeutung. Es stammt aus einer alten Sprache namens Sanskrit und kann mit «Wahrheit», «gesetzmäßige Erscheinung» oder «Natur der Dinge» übersetzt werden. Wenn es groß geschrieben wird, steht das Wort *Dharma* üblicherweise für die Lehren des Buddha und die auf diesen Lehren basierenden Praktiken.

Der Buddha wusste, dass alle Menschen auf die eine oder andere Weise mit überwältigendem Verlangen kämpfen – dem mächtigen, manchmal blind machenden Wunsch, unsere Gedanken, Gefühle und Umstände zu verändern. Diejenigen von uns, die süchtig sind, wurden eher dazu getrieben, Substanzen zu nutzen oder bestimmte Verhaltensweisen an den Tag zu legen, um dies zu erreichen; aber das zugrunde liegende Verlangen ist bei allen das gleiche. Auch wenn der Buddha nicht explizit über Sucht sprach, verstand er die zwanghafte Natur des menschlichen Geistes. Er verstand unsere Anhaftung an Vergnügen und unsere Abneigung gegen Schmerz. Er verstand, wie weit wir manchmal gehen, wenn wir dem nachjagen, was wir fühlen wollen, und vor den Gefühlen weglaufen, die wir fürchten. Und er fand eine Lösung dafür.

Dieses Buch beschreibt einen Weg, wie wir uns mit Hilfe buddhistischer Praktiken und Prinzipien vom Leiden der Sucht befreien können. Dieses Programm führt zur Genesung von der Abhängigkeit von Substanzen wie Alkohol und anderen Drogen, aber auch von dem, was wir als *nichtstoffliche Sucht* bezeichnen. Wir können auch süchtig werden nach Sex, Glücksspiel, Technologie, Arbeit, Co-Abhängigkeit, Einkaufen, Essen, Medien, Selbstverletzung, Lügen, Stehlen oder zwanghaftem Grübeln. Dies ist ein Pfad zur Freiheit von allen sich wiederholenden und gewohnheitsmäßigen Verhalten, die Leiden verursachen.

Viele von uns, die den Weg hierher gefunden haben, sind womöglich noch nicht mit dem Buddhismus vertraut. Es erscheinen unbekannte Wörter, Konzepte und Weltanschauungen. Es kann einschüchternd und unangenehm sein, in einem Meeting mit Menschen zu sitzen, die mit Begriffen wie *Karma*, *Dharma*, *Sangha* und *Buddha* um sich werfen. Wenn es Dir so geht, bist Du nicht allein.

Das Ziel dieses Buches ist es, unseren Pfad und unsere Praxis auf eine klare und verständliche Weise darzulegen, so dass sie für Menschen gleich welchen Grades an Erfahrung mit Genesung und Buddhismus von Nutzen sein können. Es beschreibt die traditionellen buddhistischen Lehren, um zu zeigen, woher unser Programm kommt. Es stellt die Essenz der grundlegenden Lehren des Buddhismus – die *vier edlen Wahrheiten* – auf eine Art und Weise vor, die zeigt, wie das Praktizieren des *achtfachen Pfades* ein pragmatischer Werkzeugkasten für den Umgang mit den Herausforderungen der anfänglichen sowie der langfristigen Genesung darstellt.

Unser Programm basiert auf Entsagung. Unabhängig von der Art der Sucht, mit der wir uns identifizieren, verpflichten sich alle unsere Mitglieder zu einer grundlegenden Abstinenz von Substanzen oder dem süchtigen Verhalten. Für diejenigen unter uns, deren Süchte mit Dingen wie Essen und Technologie zu tun haben, von denen eine vollständige Abstinenz nicht möglich ist, bedeutet Entsagung eher etwas, das auf bewussten Grenzen und Absichten in ihrem Verhalten basiert. Für einige von uns kann die Abstinenz von Dingen wie zwanghaftem Sexualverhalten oder zwanghafter Suche nach Liebe und Beziehungen notwendig sein, während wir daran arbeiten, sinnvolle Grenzen zu finden und zu verstehen.

Viele von uns haben die Erfahrung gemacht, dass nach einer Zeit des Verzichts auf unsere primäre Sucht andere schädliche Verhaltensweisen und Abhängigkeiten in unserem Leben auftauchen. Doch anstatt uns entmutigen zu lassen, haben wir festgestellt, dass wir auch diesen Verhaltensweisen mit Mitgefühl und geduldiger Untersuchung begegnen können. Wir glauben, dass Genesung ein lebenslanger, ganzheitlicher Prozess ist, bei dem wir Schichten von Gewohnheiten und konditionierten Verhaltensweisen abtragen, um unser eigenes, manchmal verborgenes Potenzial für das Erwachen zu finden.

Unser Programm wird von anderen Betroffenen geleitet; wir folgen keinen Lehrer*innen. Wir unterstützen uns gegenseitig als Partner*innen, die den Pfad der Genesung gemeinsam beschreiten. Dieses Programm basiert nicht auf Dogmen oder Religionen, sondern darauf, die Wahrheit für sich selbst zu finden. Diese Weisheit hat sich für uns bewährt, ist jedoch nicht der einzige Pfad. Er ist kombinierbar mit anderen spirituellen Pfaden und Genesungsprogrammen. Wir wissen aus eigener Erfahrung, dass wahre Genesung nur mit radikaler Ehrlichkeit, Verständnis, Gewahrsein und Integrität möglich ist, und wir vertrauen darauf, dass Du Deinen eigenen Pfad findest. Wir glauben, dass dieses Programm Dir genau dabei helfen kann.

Unser Programm verlangt von uns, dass wir nie aufhören, zu wachsen. Es fordert uns auf, unsere eigenen Entscheidungen zu treffen und Verantwortung für unsere eigene Genesung zu übernehmen. Es basiert auf Güte, Großzügigkeit, Versöhnlichkeit und tiefem Mitgefühl. Wir glauben nicht an Scham und Angst als Motivation. Wir wissen, dass diese in unserer eigenen Vergangenheit oft zu Entmutigung und Rückfällen geführt und dadurch noch mehr Leiden verursacht haben.

Der Mut, den es braucht, um von der Sucht zu genesen, ist letztlich der Mut des Herzens; und wir wollen uns gegenseitig unterstützen, wenn wir uns dieser tapferen Arbeit widmen. Viele von uns haben ihr ganzes Leben damit verbracht, sich selbst zu verurteilen. In diesem Programm verzichten wir auf Gewalt und Verletzungen – insbesondere auf jene, die wir uns selbst antun. Wir glauben an die heilende Kraft der Vergebung. Wir vertrauen auf unser eigenes Potenzial, zu erwachen und wieder gesund zu werden, auf die *vier edlen Wahrheiten* des Buddha und auf die Menschen, denen wir in den Meetings und auf unserem Pfad der Genesung begegnen und mit denen wir verbunden sind.

Die Wahrheit ist, dass wir den Umständen und Bedingungen der menschlichen Existenz nie endgültig entkommen können. Wir haben es versucht – mit legalen und illegalen Drogen, mit Sex und Co-Abhängigkeit, mit Glücksspiel und Technologie, mit Arbeit und Shopping, mit Essen oder dem Verzicht auf Essen, mit Besessenheit und den vergeblichen Versuchen, unsere Erfahrungen und Gefühle zu kontrollieren – und wir sind hier, weil wir erkannt haben, dass es nicht funktioniert.

Dies ist ein Programm, das uns auffordert, zu erkennen und zu akzeptieren, dass ein gewisses Ausmaß an Schmerz und Enttäuschung immer gegenwärtig sein wird. Ein Programm, mit dem wir untersuchen können, wie wir in der Vergangenheit mit diesem Schmerz umgegangen sind. Wir wollen eine neue Sichtweise darauf entwickeln, geprägt von Verständnis, Mitgefühl und Güte gegenüber unserem eigenen Schmerz, dem Schmerz anderer und dem Schmerz, den wir anderen durch unsere Unwissenheit und Verwirrung zugefügt haben. Diese Akzeptanz ist es, die uns von dem Leiden befreit, das unseren Schmerz so unerträglich gemacht hat.

Dieses Buch ist die Einführung in einen Pfad, der Befreiung und Freiheit vom Kreislauf des Leidens bringen kann, den die Sucht verursacht. Die Absicht und Hoffnung ist, dass jeder Mensch auf diesem Pfad befähigt wird, ihn zu seinem eigenen zu machen.

Mögest Du glücklich sein.
Mögest Du Dich wohlfühlen.
Mögest Du frei von Leiden sein.

Der Anfang

Wie können wir also den Buddhismus für unsere Genesung nutzen? Es gibt drei Möglichkeiten, unsere Energien zu lenken. Diese finden nicht Schritt für Schritt statt, sondern auf ganzheitliche Weise, sowie unsere Einsicht und unser Bewusstsein wachsen.

Wir lernen die *vier edlen Wahrheiten* zu verstehen und nutzen sie als Leitfaden für unseren eigenen Pfad der Genesung. Dieses Programm verlangt nicht von uns, an etwas anderes zu glauben als an unser eigenes Potenzial, zu erwachen. Wir müssen uns nur erlauben, daran zu glauben, dass es möglich ist — oder sogar nur, dass es möglich sein *könnte*. Wir beginnen daran zu glauben, dass unsere Bemühungen eine Veränderung bewirken werden. So erwächst unsere Erkenntnis, dass es einen Weg zur Genesung gibt, worauf schließlich die Entscheidung folgt, diesen Prozess zu beginnen.

Sobald wir die *vier edlen Wahrheiten* – einschließlich des *achtfachen Pfades*, der zum Ende des durch die Sucht verursachten Leidens führt – kennengelernt haben, setzen wir diese Prinzipien praktisch in unserem Leben um. Dieses Buch enthält eine Einführung in diese Wahrheiten und es gibt viele Möglichkeiten, sie zu vertiefen. Der *achtfache Pfad* ist ein Leitfaden für ein Leben mit der größtmöglichen Vermeidung von Schaden. Er ist nicht nur eine Philosophie, sondern ein konkreter Handlungsplan.

Meditation ist ein wesentlicher Bestandteil des Programms. Dieses Buch enthält einige grundlegende Anleitungen, so dass Du sofort damit beginnen kannst. Die meisten von uns haben es als sehr hilfreich empfunden, an Meetings teilzunehmen und dort die Möglichkeit zu haben, mit anderen zu meditieren.

Einer der Schlüssel zu diesem Programm ist es, eine regelmäßige Meditationspraxis (innerhalb und außerhalb der Meetings) zu etablieren. Dies hilft uns, unseren eigenen Geist, unsere Reaktivität[2] und unser Verhalten zu erforschen. Wir befassen uns eingehend mit dem Wesen und den Ursachen unseres Leidens, damit wir einen Weg zur Freiheit finden können, der auf wahrhaftiger Selbsterkenntnis beruht.

Die folgenden Kapitel befassen sich mit diesen drei Aspekten des Programms, die nach unserer Erfahrung zur Genesung führen, den sog. *drei Juwelen*: *Buddha*, *Dharma* und *Sangha* als Mittel zur Entwicklung von Weisheit, rechtem Verhalten und spiritueller Praxis. Wir hoffen, dass Menschen und Gruppen dieses Buch in einer Weise nutzen, die ihrem eigenen Genesungsprozess dienlich ist. In diesem Sinne bieten wir einige Vorschläge an. Du bist eingeladen, das zu nehmen, was für Dich funktioniert, und den Rest beiseite zu lassen.

Am Ende eines jeden Abschnitts findest Du eine Reihe von Fragen. Diese Fragen können als Teil eines formalen Prozesses der Bestandsaufnahme mit einer Mentor*in, einer weisen Freund*in oder einer Gruppe verwendet werden; als Hilfsmittel, um eine bestimmte Lebenssituation genauer zu erforschen; als Leitfaden für eine tägliche Praxis der

---

2   Unter Reaktivität wird hier die Eigenschaft des impulshaften Reagierens verstanden, statt acht- und heilsam auf etwas zu antworten.

Selbstuntersuchung; oder auch als Gesprächsthema bei den Meetings.

Weise Freund*innen oder Mentor*innen können eine große Hilfe bei der Vertiefung Deines Verständnisses sein, und wir ermutigen Dich, auf Menschen zuzugehen, denen Du bei Meetings begegnest. Unterstützende Freundschaften sind ein wesentlicher Bestandteil der Praxis. Diese Fragen können Scham, Schuldgefühle oder Traurigkeit hervorrufen oder bei manchen Menschen sogar ein Trauma auslösen. Es kann von Vorteil sein, sich im Vorfeld Rückhalt zu schaffen, z.B. nur eine Frage auf einmal zu beantworten und es so einzurichten, dass man danach die Möglichkeit hat, gut für sich selbst zu sorgen. Das Ziel dieser Fragen ist es, unsere Praxis zu vertiefen, damit wir schneller Linderung erfahren können – und nicht, uns noch mehr Leid zuzufügen.

Unser Pfad ist keine Checkliste, sondern vielmehr eine Praxis, in der wir selbst wählen, wo und wie wir unsere Energie auf eine Weise investieren, die sowohl weise als auch mitfühlend gegenüber uns selbst und anderen ist. Ob wir ans Ziel unserer Reise kommen ist nicht abhängig davon, wie viel wir meditieren, an wie vielen Meetings wir teilnehmen oder wie viele schriftliche Bestandsaufnahmen wir gemacht haben.

Die Praxis des *achtfachen Pfades* hilft uns, Einsicht und Mitgefühl für uns selbst zu entwickeln, indem wir beginnen, die Ursachen und Bedingungen zu untersuchen, die zu unserem eigenen Sucht-Leiden geführt haben. Die Werkzeuge werden mit der Zeit Gebrauchs- und Verschleißspuren aufweisen. Dieser Pfad hat auch kein Ende. Dein Leben, wie auch das unsere, wird Dich höchstwahrscheinlich weiterhin vor Herausforderungen stellen. Was der Pfad jedoch zu bieten hat, ist sowohl ein Ausweg aus dem Leiden, das unsere gewohnheitsmäßigen Reaktionen auf Herausforderungen oft mit sich gebracht haben, als auch ein Wegfallen der Illusion, all diesem durch Substanzen oder schädlichen Verhaltensweisen zu entkommen. Es ist ein Weg, unsere Ketten mit unseren eigenen Händen zu brechen. Es ist ein Pfad zur Freiheit.

2

Die Praxis

Entsagung: Unter *Sucht* verstehen wir das überwältigende Verlangen nach und den zwanghaften Gebrauch von Substanzen oder Verhaltensweisen, um der gegenwärtigen Realität zu entkommen – indem man sich entweder an Vergnügen festklammert oder vor Schmerz davonläuft. Wir verpflichten uns, die Abstinenz von Alkohol und anderen Suchtmitteln anzustreben. Diejenigen von uns mit nichtstofflichen Süchten (insbesondere diejenigen, bei denen eine vollständige Abstinenz nicht möglich ist), verpflichten sich, weise Grenzen für ihr schädliches Verhalten zu ziehen, vorzugsweise mit Hilfe einer Mentor*in oder einer therapeutischen Fachkraft.

Meditation: Wir beabsichtigen und verpflichten uns, eine tägliche Meditationspraxis zu entwickeln. Wir nutzen Meditation als Werkzeug, um unsere Handlungen, Absichten und Reaktivität zu untersuchen. Meditation ist eine persönliche Praxis; wir verpflichten uns, uns ausgewogen um diese und andere heilsame, für unsere Reise angemessene Praktiken zu bemühen.

Meetings: Wann immer es uns möglich ist, nehmen wir an Meetings teil, persönlich und/oder online. Einige möchten vielleicht auch an anderen Genesungsgruppen oder buddhistischen Gemeinschaften teilnehmen. Es wird empfohlen, in der frühen Phase der Genesung so oft wie möglich an solchen Meetings teilzunehmen. Für viele bedeutet das vielleicht sogar jeden Tag. Wir verpflichten uns auch, ein aktiver Teil dieser Gemeinschaft zu werden und unsere eigenen Erfahrungen zu teilen und Hilfe anzubieten, wo immer es möglich ist.

Der Pfad: Wir verpflichten uns, unser Verständnis der *vier edlen Wahrheiten* zu vertiefen und den *achtfachen Pfad* in unserem täglichen Leben zu praktizieren.

Bestandsaufnahme und Untersuchung: Indem wir ausführliche, detaillierte Bestandsaufnahmen vornehmen und mit anderen teilen, erforschen wir, wie wir die *vier edlen Wahrheiten* in Bezug auf unser Suchtverhalten anwenden können. Daran kann unter der Anleitung einer Mentor*in, mit einer vertrauenswürdigen Freund*in oder in einer Gruppe gearbeitet werden. Sowie wir unsere (schriftlichen) Bestandsaufnahmen durchführen, verpflichten wir uns, Verantwortung für unser Handeln zu übernehmen. Dies schließt auch die Wiedergutmachung für den Schaden mit ein, den wir in der Vergangenheit verursacht haben.

Sangha, **weise Freund*innen, Mentor*innen:** Wir pflegen Beziehungen innerhalb der Gemeinschaft, um sowohl unsere eigene, als auch die Genesung von anderen zu unterstützen. Nachdem wir die Arbeit an unseren Bestandsaufnahmen abgeschlossen, eine Meditationspraxis aufgebaut und Abstinenz von unserem Suchtverhalten erreicht haben, können wir Mentor*innen werden, um anderen auf ihrem Weg zur Freiheit von der Sucht zu helfen. Jeder, der bereits eine gewisse Zeit der Abstinenz und Praxis hinter sich hat, kann anderen in seiner *Sangha* dienen. Wenn keine Mentor*innen zur Verfügung stehen, kann eine Gruppe von weisen Freund*innen der Selbst-

erforschung dienen und sich gegenseitig in der Praxis
unterstützen.

Wachstum: Wir setzen unsere Studien der buddhistischen Praktiken fort, indem wir lesen, *Dharma*-Vorträge
hören, Genesungs- und spirituelle *Sanghas* besuchen
sowie dort Mitglied werden und an Meditations- oder
Dharma-Retreats teilnehmen – sofern wir glauben, dass
diese Praktiken zu unserem Verständnis und unserer
Weisheit beitragen. Wir begeben uns auf eine lebenslange
Reise des Wachstums und des Erwachens.

3

Erwachen: *Buddha*

Die meisten von uns begeben sich mit *einem* Ziel vor Augen auf den Weg der Genesung: das Leiden zu beenden, das uns überhaupt erst hierher gebracht hat – unabhängig davon, ob es sich dabei um legale oder illegale Drogen, Diebstahl, Essen, Glücksspiel, Sex, Co-Abhängigkeit, Technologie oder andere nichtstoffliche Abhängigkeiten handelt. Als Newcomer wären die meisten von uns schon mit einfacher Schadensbegrenzung zufrieden. Wir wollen aufhören, uns selbst und anderen auf bestimmte Weise zu schaden.

Du liest in diesem Augenblick diese Zeilen, weil Du genug Weisheit besaßt, um nach einem Ende des Leidens von Deiner Sucht zu suchen. Du hast bereits den ersten Schritt auf dem Weg zu Deinem eigenen Erwachen getan. Jeder Mensch, der die *rechte Absicht* gefasst hat, wieder zu genesen – egal wo er sich auf seinem Weg befindet – hat Zugang zu diesem reinen, weisen Teil von sich selbst, dem die Trümmer der Sucht niemals etwas anhaben können.

So viele von uns haben ein Herz, das durch das erlebte Leiden wund und rau geworden ist. Viele von uns haben Schichten von Traumata angesammelt, die uns oft dazu gebracht haben, vorübergehende Erleichterung in unserem Suchtverhalten zu suchen. Jedoch haben wir durch unsere Sucht nur noch mehr Zermürbung und Scham hinzugefügt, die sich um unser Herz gelegt haben. Hinzu kommen noch die Schichten, die wir zu unserem Schutz aufgebaut haben:

all die Arten und Weisen, auf die wir vor dem Schmerz weggelaufen sind; auf die wir Menschen weggestoßen haben, weil wir Angst hatten, verletzlich zu sein; auf die wir Teile unserer selbst verschlossen haben – um uns an das anzupassen, was sich oft wie eine feindlich gesonnene Welt anfühlt.

Unsere Genesung hat angefangen, als wir uns erlaubten, an jenen Teil von uns zu glauben, der noch immer unter all den Schichten liegt, die wir angesammelt und aufgebaut hatten: unser reines, strahlendes, mutiges Herz, in dem wir unser Potenzial zum Erwachen finden. Wer waren wir, bevor uns die Welt derart zu schaffen machte? Wer sind wir jenseits der Besessenheit unseres konditionierten Verstandes? Wer sind wir hinter all unseren Mauern und unserem Kummer? Trotz der Traumata, Sucht, Angst und Scham gibt es einen ruhigen und gefestigten Teil von uns, der heil bleibt. Es existiert ein Teil von uns, der nicht traumatisiert ist, der nicht süchtig ist, der nicht von Angst oder Scham beherrscht wird. Von dort kommt die Weisheit, und diese Weisheit ist die Grundlage für unsere Genesung.

Wenn Du am Anfang Deiner Genesungsreise stehst, mag es unmöglich erscheinen, zu diesem Teil von Dir durchzudringen. Jedoch bist Du hier, weil Du genau das bereits geschafft hast. Weil Du einen kleinen Hoffnungsschimmer – vielleicht aus der Not geboren – gespürt hast, dass es einen Ausweg geben könnte und auch, dass die Dinge sich ändern könnten, wenn Du weise handelst und Hilfe in Anspruch nimmst. Vielleicht fühlt es sich gerade unmöglich an, an diesen Teil von Dir zu glauben; zu glauben, dass Du das Potenzial hast, jemand zu sein, der zu Weisheit, Güte und ethischem

Verhalten fähig ist; zu glauben, dass Du die Quelle Deiner eigenen Heilung und Deines Erwachens sein könntest. Aber mach' Dir keine Sorgen: Genesung geschieht nicht von jetzt auf gleich. Der Pfad führt durch ein ganzes Leben voller kleiner Schritte. Es ist nicht nur das Vorbild des *Buddha*, das uns den Weg zeigt, sondern auch die Vorbilder der Menschen in unseren Gemeinschaften, die das Gleiche wie wir durchgemacht haben und es auf die andere Seite geschafft haben. Sie zeigen uns, dass auch wir das können.

Was hat der *Buddha* also mit Genesung zu tun?

Es gibt zwei Arten, wie wir das Wort **Buddha** (wörtlich: «erwacht») verwenden. Zunächst ist es der Titel, der einem Mann gegeben wurde, der den Namen Siddhartha Gautama trug und vor etwa 2.500 Jahren im heutigen Nepal und Indien lebte. Nach vielen Jahren der Meditation und der ethischen Praxis entdeckte er einen Weg, der zur Befreiung vom Leiden bzw. zum Erwachen führte. Daher wurde Siddhartha als «der» *Buddha* bekannt.

Die zweite Verwendung des Wortes *Buddha* ergibt sich aus der ersten. *Buddha* kann sich nicht nur auf die historische Figur beziehen, sondern auch auf die Idee des Erwachens selbst: Die Tatsache, dass jeder von uns das Potenzial in sich trägt, zu demselben Bewusstsein zu erwachen wie der ursprüngliche *Buddha*. Wenn wir zum *Buddha* Zuflucht nehmen, nehmen wir nicht zu Siddhartha als Mensch Zuflucht, sondern vielmehr zu der Tatsache, dass er in der Lage war, Freiheit von seinem Leiden zu finden. Er war ein Mensch wie wir und erfuhr Leiden genau wie wir. Er fand Befreiung davon und das können wir auch.

Die Geschichte des ursprünglichen *Buddha*

Um zu verstehen, was dieses Erwachen ist und was genau wir anstreben, ist es hilfreich, etwas über das Leben dieses Mannes zu erfahren.

Es gibt viele Versionen der traditionellen Geschichte vom *Buddha*. Einige davon sind sehr mystisch, während andere eher sachlich sind. Es heißt, dass Siddhartha ein wohlhabender Prinz war, der in ein Leben hineingeboren wurde, das ihn von weltlichen Leiden abschirmte. Die Geschichte besagt, dass der junge Siddhartha sich aus seinem Palast schlich und Menschen sah, die unter Alter, Krankheit und Tod litten. Er erkannte, dass keine noch so privilegierte Lage ihn vor diesem Leid bewahren konnte. Reichtum, Bequemlichkeit und Vergnügen würden ihn nicht schützen. Obwohl er ein Leben in Leichtigkeit führte, stellte Siddhartha fest, dass er Leiden und Unzufriedenheit erfahren würde. Er genoss alle erdenklichen Vorteile und Privilegien, aber es war nicht genug.

Diese anhaltende Unzufriedenheit mit dem Leben, ob sehr deutlich oder subtil, wurde in der Sprache der Zeit des *Buddha* als *dukkha* bezeichnet. Dieses Wort verwenden wir auch heute noch. Alle Menschen erleben *dukkha*, aber einige von uns – vor allem diejenigen, die mit der Sucht zu kämpfen haben – scheinen es intensiver und mit schlimmeren Folgen zu erleben.

Was ist Sucht anderes als das ständig nagende Gefühl von «nicht genug»? Was ist Sucht anderes als das Gefühl, ständig unzufrieden zu sein? Siddhartha sah mit klarem Blick, dass Schmerz ein unvermeidlicher Teil des Lebens ist und er war entschlossen, einen Weg zu finden, das Leiden zu beenden. Er verließ seine Familie und versuchte es eine Zeit lang mit dem Leben eines Asketen – dem deutlichsten Gegensatz zu seinem bisherigen komfortablen Leben in Wohlstand. Als Asket saß er in äußerst unbequemen Haltungen und meditierte über lange Zeiträume hinweg. Er schlief sehr wenig. Er aß sehr wenig. Er versuchte sogar, sehr wenig zu atmen. Da der materielle Wohlstand kein Ende des Leidens herbeigeführt hatte, dachte er, dass vielleicht das Gegenteil diesem ein Ende bereiten würde. Aber das tat es nicht. Dem Tode nah gab Siddhartha die Idee der extremen Askese auf und wählte stattdessen das, was er später den *mittleren Weg* nannte.

Siddhartha erkannte, dass sowohl das extreme Vergnügen als auch die extreme Entsagung von Vergnügen ihn kein bisschen näher zum Erwachen gebracht hatten. Keines der beiden Extreme hatte ihn von seinem Leiden befreit. Also machte er sich auf eigene Faust auf den Weg, um zu meditieren. Unter dem sog. «Bodhi-Baum» (Baum des Erwachens) sitzend, meditierte er tiefgründig und entdeckte den Pfad, der zum Ende des Leidens führt. Er suchte in sich selbst nach seiner eigenen Befreiung – und fand sie.

Was Siddhartha beim Meditieren unter dem Bodhi-Baum fand, ist das, was wir als *Dharma* bzw. die «Wahrheit» bezeichnen. Darauf basiert der Weg des Buddhismus. In dessen Mittelpunkt stehen die *vier edlen Wahrheiten* und der *achtfache Pfad*, welche im nächsten Kapitel erläutert werden.

Siddhartha wurde daraufhin *Buddha* oder «der Erwachte» genannt, weil die Menschen gewöhnlicherweise wie im

Traum oder einer Trance durchs Leben gehen. Der *Buddha* verbrachte den Rest seines Lebens damit, den *Dharma* zu einem einfachen, aber ausgeklügelten System zu entwickeln. Er teilte es mit jedem, der ihm zuhören wollte, und widmete sein Leben dem Dienst, alle Menschen vom Leiden zu befreien. Er widersetzte sich den Gepflogenheiten seiner Zeit, indem er auch Frauen und die ärmsten Leute ungeachtet ihres Standes als Nonnen und Mönche aufnahm.

Jeder war in seiner *Sangha*, seiner spirituellen Gemeinschaft, willkommen. Im Mittelpunkt seiner Lehren stand, dass Befreiung für alle möglich ist – für die Gebrochensten und am meisten Unterdrückten von uns; für die Kranken; für die Entmächtigten; für diejenigen, die alles verloren haben; für diejenigen, die nichts mehr zu verlieren haben. Wir alle können unseren Weg zum Erwachen finden.

Auf den Spuren des *Buddha*

Die Geschichte des *Buddha* mag von unserer Alltagsrealität weit abgekoppelt erscheinen, aber sein Leben (vor und nach seinem Erwachen) kann Vorbild für unser eigenes Leben sein. Wahrscheinlich kann jeder von uns dieses Leiden nachempfinden, das im Leben unvermeidlich zu sein scheint. Auf die eine oder andere Weise sind wir alle mit den Anzeichen des Alterns, der Krankheit oder des Todes konfrontiert worden. Wir haben Vergänglichkeit im wahrsten Sinne erfahren – das «High» und die Freuden, die wir durch unsere Süchte erlangten, ließen irgendwann nach, aber wir jagten ihnen trotzdem weiter hinterher.

Wir haben auch andere Formen des Leidens ertragen, manche davon selbst zugefügt – andere von außen. Wir haben uns mit den subtilen Formen von *dukkha* auseinandergesetzt: der Ärger über andere; die Langeweile; nicht das behalten zu können, was wir wollen; der Verlust dessen, was wir haben; die Ungeduld mit dem Leben; die Weigerung zu akzeptieren, was *ist*. Und was haben wir mit diesen Erfahrungen von Leiden gemacht? Womöglich haben wir versucht, sie zu verändern. Womöglich haben wir versucht, sie zu ignorieren. Womöglich haben wir versucht, etwas Angenehmeres zu finden, um das Unangenehme zu ersetzen.

An diesem Punkt beginnen die meisten unserer Lebensgeschichten von jener von Siddhartha abzuweichen. Dieser Unterschied ist es, der uns zu diesem Programm geführt hat. Anstatt dem Leiden tief ins Auge zu blicken und zu verstehen, haben wir Wege gefunden, es zu vermeiden oder es durch etwas vermeintlich Angenehmeres zu ersetzen. Für einige von uns waren das Alkohol und andere Drogen. Für andere zwanghafte Formen von Sex, Beziehungen, Essen, Selbstverletzung, Technologieabhängigkeit, Arbeitssucht oder Glücksspiel. Für viele von uns war es auch eine Kombination aus alldem. Was auch immer wir taten – wir mussten feststellen, dass es nur eine Übergangslösung war, die zu immer tieferem Leid für uns und andere führte.

Wir sind zu der Erkenntnis gelangt, dass unsere Lebenswege sich nicht so fortsetzen müssen. Das Leben von Siddhartha und jenes der zahllosen Menschen, die wir in der Gemeinschaft treffen und die ein Ende des Leidens der Sucht gefunden haben, zeigen uns, dass es einen anderen Pfad gibt.

Auch wir können auf unser eigenes Leben zurückblicken und den Weg, der uns hierher geführt hat, klar erkennen. Wir können unsere eigenen Handlungen und Absichten untersuchen, um zu verstehen, wie wir unsere Zukunft gestalten können. Wir können Einsicht in das Wesen unseres eigenen Leidens gewinnen und einen Pfad einschlagen, der zu weniger Schaden und Leid führt.

Dabei handelt es sich um einen Weg der Praxis. Der *Buddha* kann zwar ein Ideal sein, das uns inspiriert, aber er wird die Arbeit nicht für uns erledigen. Der *Buddha* war keine Gottheit. Der Pfad, dem wir folgen, hat nichts Übernatürliches an sich. Wir glauben daran, positive Ergebnisse erzielen und genesen zu können, wenn wir die dafür notwendigen Anstrengungen unternehmen – so hat es uns die Erfahrung gelehrt. Unser Programm ist eines der Selbstbefähigung: Wir übernehmen Verantwortung für unser eigenes Handeln und unsere Absichten. Die *Sangha* ist hier, um uns auf unserem Weg zu helfen.

Von niemandem von uns wird erwartet, Asket zu werden. Wir müssen keine Mönche oder Nonnen werden, und wir müssen auch nicht jeden Tag stundenlang meditieren. Wir müssen keine Buddhist*innen werden. Aber wir haben festgestellt, dass der in den *vier edlen Wahrheiten* beschriebene Pfad uns zur Befreiung sowohl vom Leiden der Sucht als auch von jenem «einfachen» Leiden des Menschseins führen kann. Wir vertrauen auf das Potenzial in uns allen, Freiheit von Leiden zu finden.

4

Wahrheit: *Dharma*

Als Menschen, die mit Sucht zu kämpfen hatten, sind wir mit der Realität des Leidens bereits bestens vertraut. Selbst wenn wir noch nie etwas vom *Buddha* gehört haben, verstehen wir in gewisser Weise bereits den Kern seiner Lehren: In diesem Leben gibt es Leiden.

Es kann unglaublich befreiend sein, dies so klar und direkt gesagt zu bekommen. Keiner versucht, uns zu überzeugen oder zu bekehren. Niemand sagt uns, dass wir an etwas zu glauben haben. Niemand beschönigt unsere Erfahrung. Zum ersten Mal haben wir das Gefühl, dass uns die Wahrheit gesagt wird.

Der *Buddha* lehrte auch den Weg, wie wir uns von diesem Leiden befreien können. Das Herzstück dieser Lehren (die wir *Dharma* nennen) sind die *vier edlen Wahrheiten*. Diese Wahrheiten und die dazugehörigen Selbstverpflichtungen sind die Grundlage unseres Programms:

1. **Es gibt Leiden.** Wir verpflichten uns, die Wahrhaftigkeit des Leidens anzuerkennen.

2. **Es gibt eine Ursache für das Leiden.** Wir verpflichten uns anzuerkennen, dass Verlangen zu Leiden führt.

3. **Es gibt ein Ende des Leidens.** Wir verpflichten uns

anzuerkennen, dass weniger Verlangen zu weniger Leiden führt.

4. **Es gibt einen Pfad, der zum Ende des Leidens führt.**
Wir verpflichten uns, diesen Pfad zu pflegen.

Wie eine Landkarte, die uns den Weg weist, helfen uns diese Wahrheiten, uns auf dem Pfad der Genesung zurechtzufinden.

Die erste *edle Wahrheit:*
Es gibt Leiden

Einige der Arten, wie wir leiden, sind offensichtlich: Hunger, Schmerz, Enttäuschung und das Gefühl, abgetrennt oder ausgeschlossen zu sein. Andere sind weniger offensichtlich, wie Gefühle von Angst, Stress und Unsicherheit. Wir leiden, wenn wir mit dem Altern, mit Krankheiten und dem Tod ringen. So sehr wir auch an uns lieben Dingen, Menschen und Gefühlen festhalten wollen, werden wir immer mit Abgetrenntheit und Verlust zu kämpfen haben. Wir leiden immer dann, wenn wir uns wünschen, dass die Dinge anders sind, als sie es tatsächlich sind.

Die erste *edle Wahrheit* beruht auf dem Verständnis, dass unser Leben aufgrund der Tatsache, dass Erfahrungen vergänglich und unpersönlich[3] sind, unbefriedigend ist. Unsere Sinne (unter denen der *Buddha* nicht nur das Hören, Sehen, Riechen, Schmecken und Tasten verstand, sondern auch das Denken) sind unzuverlässig und

---

3 Unpersönlichkeit neben Vergänglichkeit und Leiden als eines der drei Daseinsmerkmale im Buddhismus; siehe dazu auch S. 118.

vorübergehend, was bedeutet, dass sich die Art und Weise, wie wir die Welt erleben und ihr Bedeutung verleihen, ständig ändert. Wir leiden, weil wir fortwährend erwarten, dass diese vergänglichen Erfahrungen unser Craving nach Vergnügen befriedigen oder Schmerz vermeiden.

Viele von uns haben darunter gelitten, dass wir versucht haben, unsere Abhängigkeiten, Gewohnheiten und Süchte zu kontrollieren und daran gescheitert sind. Wir haben jede erdenkliche Art von Willenskraft, Feilschen mit uns selbst, Planen und Wunschdenken eingesetzt und uns dabei jedes Mal vorgestellt, dass das Ergebnis anders ausfallen würde – und uns selbst zermartert, wenn es doch wieder das gleiche Ergebnis war.

Wie oft haben wir uns selbst gesagt: «Nur noch dieses eine Mal, dann war's das. Ich werde nur noch am Wochenende, nach der Arbeit oder zu besonderen Anlässen etwas konsumieren oder trinken. Ich werde niemals morgens trinken. Ich werde keine harten Drogen nehmen. Ich werde nicht alleine konsumieren. Ich werde niemals bei der Arbeit oder im Beisein meiner Familie konsumieren. Ich werde niemals betrunken Auto fahren. Ich werde niemals Nadeln benutzen.»

Wie viele Diäten haben wir schon ausprobiert? Wie oft haben wir uns gesagt, dass wir keine Fressgelage mehr veranstalten, keine Abführmittel nehmen, Kalorien reduzieren oder exzessiv Sport treiben würden?

Wie oft haben wir uns die Narben auf unseren Armen angesehen und geschworen, uns nie wieder zu schneiden? Wie oft haben wir unsere Wunden heilen lassen, nur um sie dann wieder aufzureißen?

Wie oft haben wir uns selbst Grenzen gesetzt, wenn es um Technologie oder Arbeit ging, nur um dann doch wieder hineingezogen zu werden? Wie oft haben wir uns geschworen, keine One-Night-Stands mehr zu haben, uns von bestimmten Menschen, Orten oder Websites fernzuhalten? Wie oft haben wir unsere eigenen Grenzen überschritten und wurden von Scham zerfressen?

Wie oft sind wir morgens aufgewacht, haben uns gehasst und geschworen, nie wieder das zu tun, was wir in der letzten Nacht getan haben – nur um ein paar Stunden später denselben Fehler zu wiederholen?

Wie oft haben wir versucht, unsere Süchte mit einer Therapie, mit Selbsthilfebüchern, mit Entgiftungen, mit mehr Bewegung, mit einem Job- oder Partnerwechsel zu heilen? Wie oft sind wir umgezogen, weil wir dachten, unser Schatten würde uns nicht folgen?

Wie viele Versprechungen haben wir gemacht? Wie oft haben wir diese gebrochen?

Indem wir unter vielen Formen der Sucht gelitten und mit ihnen gekämpft haben, haben wir die erste *edle Wahrheit* in Bezug auf unsere Genesung verstanden: Sucht ist Leiden. Wir leiden, wenn wir wie besessen handeln; wenn wir uns an all die Wahnvorstellungen der Sucht klammern, an all die kurzfristigen Lösungen für unser Unbehagen und unseren Schmerz. Wir haben versucht, unser Leiden zu heilen, indem wir genau die Substanzen genutzt und Verhaltensweisen an den Tag gelegt haben, die uns noch mehr Unbehagen und Schmerz verursachen. Bei all unseren Versuchen, unsere Gewohnheiten zu kontrollieren, haben wir uns noch immer an die Illusion geklammert, dass wir unsere Erfahrungen in der Welt irgendwie kontrollieren können. Wir sind immer noch eingeschlossen im Gefängnis des Leidens.

Tatsächlich verfestigen wir die Mauern dieses Gefängnisses und bauen sie noch höher und massiver, wenn wir unsere Süchte ausleben. Befreiung entsteht, wenn wir klar erkennen, wo unsere wahre Kraft liegt und wofür wir sie verschwenden.

Dies ist ein Programm der Selbstbefähigung. Es ist ein Pfad des Loslassens von Verhaltensweisen, die uns nicht mehr dienlich sind, und der Pflege von solchen, die es sind.

Trauma und Bindungsverletzungen

Für viele von uns besteht das Leiden auch in Form eines Traumas. Ein Trauma wird oft als seelische Verletzung beschrieben, die nach dem Erleben eines extrem beängstigenden oder erschütternden Ereignisses oder einer solchen Situation auftritt. Es wird durch ein derart überwältigendes Maß an Stress verursacht, dass wir es nicht verkraften können und uns auch lange nach dem Ereignis noch schwer damit tun, zurechtzukommen. Ein Trauma kann durch Erlebnisse in der Kindheit oder im Erwachsenenalter ausgelöst werden. Es kann plötzlich auftreten oder sich im Laufe der Zeit aus einer Reihe von Ereignissen entwickeln, die unsere Wahrnehmung der Welt verändern. Obwohl Traumata häufig durch lebensbedrohliche Ereignisse ausgelöst werden, kann jede Situation, in der man sich emotional oder körperlich bedroht fühlt, traumatisch sein.

Es ist wichtig zu wissen, dass nicht das Ereignis an sich allein objektiv bestimmt, wie traumatisch es sich auswirkt, sondern die subjektiv-emotionale Wahrnehmung der Person. Generell gilt: Je intensiver und länger wir diese Angst und Hilflosigkeit empfinden, desto eher werden wir traumatisiert.

Eine Bindungsverletzung kann ebenso heimtückisch und schädlich sein und dieselben Auswirkungen haben wie ein Trauma. Sie wird definiert als eine emotionale Wunde in der Kernbeziehung zu einer Bezugsperson, oft geprägt durch Missbrauch, Vernachlässigung oder widersprüchliches Verhalten in der frühen Kindheit. Im klinischen Sinne kann daraus eine Bindungsstörung erwachsen. Solche Wunden und Traumata können unsere Genesung und Meditationspraxis auf unterschiedliche Weise beeinflussen.

Bei einem Trauma können wir Angst, Panik oder Misstrauen empfinden, wenn wir aufgefordert werden, in der Meditation «(damit) zu verweilen», gleichwohl unser Verstand weiß, dass wir uns an einem sicheren Ort mit einer unterstützenden Gruppe befinden. Es kann uns triggern, wenn wir angeleitet werden, achtsam in unserem Körper und Geist zu sein oder uns auf unseren Atem zu konzentrieren. Bindungsverletzungen können ein Hindernis dabei darstellen, Menschen oder einer Methode zu vertrauen; sich als ein Widerstreben bemerkbar machen, Teil einer Genesungsgruppe bzw. der *Sangha* zu sein; oder auch als der Glaubenssatz, wir würden nicht dazugehören.

In diesen Fällen können wir für uns sorgen, indem wir uns in dieses Unbehagen hineinversetzen und jenen

Geschichten, die wir uns selbst über unsere Nicht-Zu-gehörigkeit erzählen, mit Mitgefühl begegnen und sie untersuchen. Auch hier ist es wichtig, sich der Art des Un-heils bewusst zu werden, das wir in uns tragen. Traumata und Bindungsverletzungen können unterschiedliche Methoden erfordern, um uns wieder sicher und gehalten zu fühlen. Du solltest immer das tun, was Dir gerade am meisten hilft und Hilfe von außen suchen, wenn Du sie benötigst.

Traumata und Bindungsverletzungen sind im Zusammen-hang mit Leiden und Sucht von hoher Bedeutung, da ihre Auswirkungen sehr heftig sein können. Studien zeigen, dass die Mehrheit der Menschen, die mit Sucht zu kämpfen haben, zu irgendeinem Zeitpunkt in ihrem Leben ein Trauma erlebt haben. Das System, das dazu dient, uns vor Schaden zu bewahren, ist dasselbe, welches jene Abwehrmechanismen und das Craving befeuert, die das Leiden weiter aufrechterhalten und verstärken. Dieses System kann bei Bestehen eines Traumas überaktiv werden, weil es eine sehr reale Bedrohung wahrnimmt und der Körper darauf oft mit dem Gefühl von Hilflosig-keit, Angst oder Verletzlichkeit reagiert. Es kann leicht überreizt werden, wenn die eigene Lebenserfahrung schreit: «Du bist nicht sicher! Gefahr, Gefahr!»

Bei manchen Menschen können die Symptome eines Traumas mit der Zeit immer stärker werden und noch lange nach den auslösenden Ereignissen anhalten. Viele von uns haben Zwangsgedanken, die aus dem Nichts zu kommen scheinen. Nicht selten fühlen wir uns verwirrt oder haben Stimmungsschwankungen, die wir uns nicht erklären können.

Unsere durch ein Trauma beeinflussten Reaktionen können dazu führen, dass wir Aktivitäten oder Orte meiden, die Erinnerungen an das Ereignis auslösen. Wir können uns sozial isolieren, zurückziehen und das Interesse an Dingen verlieren, die uns früher Spaß gemacht haben. Ein Trauma kann auch dazu führen, dass wir Sex nicht (mehr) genießen oder bei anderen Aktivitäten nicht mehr «funktionieren» können, mit Angst oder Anspannung reagieren oder übermäßig wachsam gegenüber potenziellen Gefahren werden.

Überwältigende Angst, Panik, Distanziertheit und Isolation, Scham und Wut können zu einem Grundzustand werden. Es gibt viele andere Auswirkungen von Traumata, die durch soziale Interaktionen oder auch während der Arbeit oder Meditation getriggert werden können – Lebensbereiche, die von den ursprünglichen Ereignissen eigentlich losgelöst zu sein scheinen.

Traumata und Bindungsverletzungen können zweifellos zu Angst, Wut, Panik und Einsamkeit als grundlegende Reaktionen auf die Erfahrungen des Lebens führen. führen. Auf tieferer Ebene macht es uns ein Trauma schwerer, allgemein zurechtzukommen, gesunde und sichere Beziehungen aufzubauen, eine Identität in der Welt zu entwickeln oder für uns einzustehen.

Keiner von uns wird auf dieselbe Erfahrung auf die gleiche Weise reagieren; aber es scheint, dass Erfahrungen in unserer Vergangenheit unsere Reaktionen im späteren Leben beeinflussen können. Dies ist der Schlüssel zum Verständnis von *dukkha* und dazu, dass wir unseren Erfahrungen mit Mitgefühl und Güte begegnen, anstatt sie zu verurteilen – nicht nur bei anderen, sondern gerade auch bei uns selbst. Darin liegt ein wesentlicher Teil der Genesung.

Viele von uns griffen zu Suchtmitteln und haben sich schädlichen Verhaltensweisen hingegeben, um mit ihrem Trauma fertig zu werden. In gewisser Hinsicht war das Weglaufen vor dem Schmerz unserer Suchterlebnisse wiederum selbst eine Überlebenstechnik, wenn wir das Gefühl hatten, den Schmerz unserer Erinnerungen nicht aushalten zu können. Das mag uns zwar vorübergehend Erleichterung verschafft haben, trug letztlich aber nicht dazu bei, den Schmerz unseres Traumas wirklich zu heilen, sondern führte oft zu noch mehr Leiden.

Unser Trauma ist nicht unsere Schuld, aber die Genesung davon ist unsere Verantwortung und unser Recht. Die Entwicklung von Verständnis und Mitgefühl für die Art und Weise, wie das Trauma unsere Reaktionen auf Ereignisse oder Umstände *hier und jetzt* beeinflusst, ist ein wichtiger Teil dieser Genesung.

Fragen zur Untersuchung der ersten *edlen Wahrheit:*

☐ Beginne damit, eine Liste der Verhaltensweisen und Handlungen zu erstellen, die Du im Zusammenhang mit Deinen Süchten für schädlich erachtest. Denke – ohne zu übertreiben oder zu verharmlosen – über die Dinge nach, die Du getan hast und die Dir und anderen Schaden zugefügt haben.

☐ Schreibe für jedes dieser Dinge auf, wie du darunter gelitten hast und wie andere unter diesem Verhalten gelitten haben. Führe alle anderen Kosten oder negativen Folgen auf, die Dir einfallen, z. B. in Bezug auf Finanzen, Gesundheit, sexuelle Beziehungen oder verpasste Chancen.

☐ Stellst Du irgendwelche Muster fest? Welche sind das? Welche Möglichkeiten gibt es, Leid für Dich und andere zu vermeiden oder zu verringern, wenn Du diese Muster änderst?

☐ Inwiefern war Dein Suchtverhalten eine Reaktion auf Trauma und Schmerz? Welche Möglichkeiten gibt es, auf Trauma und Schmerz auf heilungsfördernde Weise zu reagieren, statt sie zu vermeiden?

Die zweite *edle Wahrheit:*
Die Ursache des Leidens

Als Menschen, die von Substanzen und Verhaltensweisen abhängig geworden sind, haben wir alle das Gefühl des Scheiterns und der Hoffnungslosigkeit erlebt, das sich einstellt, wenn wir vergeblich versuchen, von unseren Zwängen loszulassen. Die Sucht selbst verstärkt unser Leiden, indem sie die Hoffnung weckt, dass sowohl das Vergnügen als auch die Flucht von Dauer sein können. Wir durchleben dieses Leiden immer wieder, weil Substanzen oder Verhaltensweisen uns nur vorübergehend von unserem Schmerz, unserem Unglücklichsein und unserem verlorenen oder beschädigten Selbstwertgefühl befreien können.

Unsere Weigerung, die Dinge so zu akzeptieren, wie sie sind, führt zu überwältigendem Verlangen («Craving»), welches die Ursache des Leidens ist. Wir leiden nicht, weil die Dinge so sind, wie sie sind, sondern weil wir wollen, dass sie anders sind. Wir leiden, weil wir uns an die Vorstellung klammern, dass wir unsere eigenen Verlangen befriedigen können, während wir die Bedingungen der Welt um uns herum ausblenden. Vor allem klammern wir uns an die Vorstellung, dass wir an unbeständigen und unzuverlässigen Dingen festhalten können; an Dingen, die niemals zu echter Befriedigung oder dauerhaftem Glück führen können, ohne dass wir das Leid erfahren müssten, sie eines Tages zu verlieren.

Das Festhalten an kurzfristigen Lösungen für das Leiden führt zu Craving. Wir erleben das Verlangen wie Durst, wie eine ungestillte Sehnsucht, und dies kann zu einer treibenden Kraft in unserem Leben werden.

Wenn das Verlangen über das einfache «Wollen» als ein natürlicher Teil des Lebens hinausgeht, führt es uns oft zu Zwängen, Besessenheit und dem wahnhaften Glauben, dass wir nicht glücklich sein können, ohne das zu bekommen, wonach wir uns sehnen. Es verzerrt unsere Absichten, so dass wir Entscheidungen treffen, die uns und anderen schaden. Dieses wiederholte Verlangen und der zwanghafte Drang, es zu befriedigen, führt zu dem, was wir heutzutage als Sucht bezeichnen. Die Sucht nimmt unseren «Willen» in Beschlag – den Teil unseres Geistes, der Entscheidungen trifft – und verdrängt Mitgefühl, Güte, Großzügigkeit, Ehrlichkeit und andere heilsame Absichten, die wir sonst vielleicht gehabt hätten.

Viele von uns erleben die Sucht als den Verlust unserer Entscheidungsfreiheit: Es ist die Sucht, die unsere Entscheidungen für uns zu treffen scheint.

So wie wir Nahrung, Obdach oder Wasser brauchen, kann unser Verstand uns weismachen, dass wir eine Substanz brauchen, etwas kaufen/stehlen müssen, eine Begierde befriedigen müssen – jedenfalls so handeln müssen, bis wir das scheinbar notwendige Ergebnis erzielen. Dass wir uns um jeden Preis schützen und Menschen angreifen müssen, mit denen wir nicht einverstanden sind, oder die etwas haben, was wir wollen. Dieses «Bedürfnis» führt auch zu einem unruhigen oder aufgewühlten Gemütszustand, der uns sagt, dass wir nur dann glücklich sind, wenn wir bestimmte Ergebnisse erzielen oder uns auf eine bestimmte Art und Weise fühlen. Wir wollen jemand sein, der wir nicht sind; oder wir wollen nicht so sein, wie wir sind.

Bedingungen oder Umstände *an sich* verursachen kein Leiden. Sie können Schmerzen oder unangenehme Erfahrungen verursachen, aber wir fügen zusätzliches Leiden hinzu, wenn wir denken, dass diese Umstände anders sein müssten. Wir erschaffen sogar noch mehr Leiden, wenn wir die wahren Umstände und die Realität von Vergänglichkeit leugnen. Craving ist das zugrundeliegende Motiv, das unheilsame Handlungen schürt, die wiederum Leiden schaffen.

Fragen zur Untersuchung der zweiten *edlen Wahrheit:*

☐ Notiere Situationen, Umstände und Gefühle, die Du möglicherweise durch schädliches Verhalten zu vermeiden versucht hast.

☐ Liste die Gefühle, Empfindungen und Gedanken auf, die Dir in den Sinn kommen, wenn Du Dich diesem Handeln enthältst. Gibt es belastende Erinnerungen, Scham, Trauer oder unbefriedigte Bedürfnisse, die sich hinter dem Craving verbergen? Wie kannst Du diesen mit Mitgefühl und Geduld begegnen?

☐ Was hast Du aufgegeben, weil Du Dich an jene unbeständigen und unzuverlässigen Lösungen geklammert hast? Hast Du Beziehungen, finanzielle Sicherheit, Gesundheit, Chancen, Deinen Status oder andere wichtige Dinge aufgegeben, um Dein Suchtverhalten aufrechtzuerhalten? Was hat die Sucht für Dich wichtiger gemacht als all die Dinge, die Du dafür aufgegeben hast?

☐ Hältst Du an Überzeugungen fest, die Verlangen und Abneigung schüren? Hast Du Überzeugungen, die die Realität der Vergänglichkeit leugnen, oder Überzeugungen, wie die Dinge im Leben sein «sollten»? Welche sind das?

Die dritte *edle Wahrheit:*
Das Ende des Leidens

Es ist möglich, unser Leiden zu beenden. Sobald wir das Wesen unseres Cravings verstehen und erkennen, dass alle unsere Erfahrungen von Natur aus vergänglich sind, können wir einen heilsameren Pfad einschlagen, um mit der Unzufriedenheit zu leben, die Teil des Menschseins ist. Wir müssen uns nicht von unseren Gedanken und Gefühlen zermürben lassen, die sagen: «Ich muss mehr von etwas haben.» oder «Ich werde alles tun, um etwas loszuwerden». Die dritte *edle Wahrheit* lautet, dass ein Ende des Verlangens möglich ist. Jeder von uns hat die Fähigkeit zur Genesung.

Wir sind verantwortlich für unser eigenes Handeln und für die Aufmerksamkeit, die wir unseren Gedanken und Gefühlen schenken. Das bedeutet, dass wir die Kontrolle über unser eigenes Leiden haben, denn die unangenehmen Gefühle kommen in uns selbst auf: Wir erschaffen sie durch unsere Reaktion auf eine Erfahrung. Wir brauchen uns nicht auf jemanden oder etwas anderes zu verlassen, um die Ursachen unseres Leidens zu beseitigen.

Wir können vielleicht nichts «da draußen» kontrollieren, aber wir können lernen, uns auszusuchen, was wir denken, sagen und tun. Wir fangen an zu verstehen, dass wir Leiden schaffen, wenn unsere Gedanken, Worte und Handlungen von Gier, Hass oder Verwirrung getrieben werden. Wenn wir dies also loslassen, können wir zukünftiges Leiden vermeiden. Wir können uns dafür entscheiden, die Ursachen für störende und unangenehme Emotionen loszulassen, weil wir wissen, dass heilsame

Handlungen zu Glück und unheilsame Handlungen zu Leiden führen. Dies ist die wahrhaftige Selbstbefähigung und Freiheit der Genesung – die Erkenntnis, dass Glück und Leid ganz und gar von uns abhängen; davon, wie wir auf unsere Erfahrungen reagieren.

Fragen zur Untersuchung der dritten *edlen Wahrheit:*

☐ Was macht es so schwer, aufzuhören?

☐ Welche Ressourcen stehen Dir zur Verfügung, um Dich bei der Abstinenz und Genesung zu unterstützen?

☐ Nenne Gründe, warum Du glaubst, dass Du genesen kannst. Liste auch Deine Zweifel auf. Wie könnte der weise und mitfühlende Teil von Dir – Deine *Buddha-Natur* – auf diese Zweifel antworten?

☐ Übe das «Loslassen» von etwas Kleinem. Sei Dir gewahr, dass das Verlangen nicht lange anhält und dass Du ein kleines Gefühl der Linderung verspürst, wenn Du es loslässt. Das ist schon ein kleiner Vorgeschmack auf die Freiheit.

Die vierte *edle Wahrheit:*
Der Weg

Der *Buddha* lehrte, dass wir durch ein ethisches Leben, durch eine Meditationspraxis und durch die Kultivierung von Weisheit und Mitgefühl jenes Leiden beenden können, das wir erzeugen, indem wir uns der Realität widersetzen, vor ihr fliehen und sie fehlinterpretieren.

Die vierte *edle Wahrheit* ist eine Zusammenfassung der wesentlichen Elemente der Genesung bzw. des Erwachens, genannt der *achtfache Pfad*. Dieser Pfad ist eine Reihe von Anweisungen, eine Praxis bzw. ein Weg, um unsere konditionierten Reaktionen, an denen wir festhalten, zu untersuchen und uns ihrer bewusst zu werden:

i.	*Rechte Erkenntnis*	Weisheit
ii.	*Rechte Absicht*	
iii.	*Rechte Rede*	
iv.	*Rechtes Handeln*	Ethik
v.	*Rechter Lebenserwerb*	
vi.	*Rechte Anstrengung*	
vii.	*Rechte Achtsamkeit*	Konzentration
viii.	*Rechte Konzentration*	

Diese acht Elemente können in drei Kategorien eingeteilt werden: Die Kategorie «Weisheit», bestehend aus *rechter Erkenntnis* und *rechter Absicht*; die Kategorie «Ethik», bestehend aus *rechter Rede, rechtem Handeln* und *rechtem Lebenserwerb*; und die Kategorie «Konzentration», bestehend aus *rechter Anstrengung*, *rechter Achtsamkeit* und *rechter Konzentration*.

Jeder von uns wird jedes Element dieses *achtfachen Pfades* auf seine eigene Weise verstehen und praktisch umsetzen. Wir entwickeln unsere Weisheit, unsere ethische Praxis und unsere Konzentration so weit, wie wir es in einem bestimmten Moment können. Wenn wir zu einem tieferen Verständnis der vier *edlen Wahrheiten* gelangen, sind wir in der Lage, mehr Anstrengung und Konzentration auf das Loslassen von Gier, Hass und Verwirrung zu verwenden. Unsere moralische Entwicklung wird uns veranlassen, tiefer über die Ursachen unseres unheilsamen Handelns nachzudenken.

Der *achtfache Pfad* ist eine Lebensweise, der wir nach unserem eigenen besten Wissen und Gewissen folgen und dessen einzelne Elemente wir so praktizieren. Der *Pfad* ist keine religiöse Reise und hat nichts mit Glauben, Gebet, Anbetung oder Zeremonie zu tun. Er ist eine Anleitung zur Praxis und ein Weg, der zu einer tiefen Erfahrung der *edlen Wahrheiten* führt.

Fragen zur Untersuchung der
vierten *edlen Wahrheit:*

☐ In dem Wissen, dass Genesung und die Beendigung von
Leiden möglich sind: Wie sieht Dein Weg zur Genesung
und zur Beendigung des Leidens der Sucht aus? Sei ehrlich zu Dir selbst in Hinblick sowohl auf die Herausforderungen, die sich Dir stellen könnten, als auch die Hilfsmittel und Ressourcen, die Du zur Bewältigung dieser
Herausforderungen nutzen wirst.

☐ Welche Verhaltensweise(n) könntest Du ändern, um Deine
Genesung zu fördern?

☐ Was bedeutet es für Dich und Deine Genesung, Zuflucht
zu *Buddha*, *Dharma* und *Sangha* zu nehmen?

Der *achtfache Pfad*

Wir haben festgestellt, dass es nützlich ist, Bestandsaufnahmen und die Untersuchung unserer Absichten zu einem Teil unserer täglichen Routine zu machen; insbesondere, wenn wir unangenehme Gefühle empfinden oder vor schwierigen Entscheidungen stehen. Wir können uns einen Moment Zeit nehmen, um innezuhalten und uns mit unserem Erleben auseinanderzusetzen, unsere Situation zu erkennen und sie einfach mit Mitgefühl zuzulassen, ohne sie zu verurteilen. Wir nutzen dann den *achtfachen Pfad* als Leitfaden, um uns nach innen und schließlich nach vorne zu wenden.

In jeder Situation können wir uns fragen: «Wie kann ich den *achtfachen Pfad* hier anwenden?» Es kann auch hilfreich sein, sich der verschiedenen Teile des *achtfachen Pfades* als Reflexion am Ende des Tages zu bedienen.

Rechte Erkenntnis

Als Menschen, die sich der Welt zuwenden, statt sich von ihr zurückzuziehen, können wir *rechte Erkenntnis* verwenden, um ohne Festklammern, Anhaften oder Craving zu leben. Indem wir auf unser Handeln und die Folgen dieser Handlungen achten, können wir beginnen zu beeinflussen, wohin unsere Entscheidungen führen. Wenn wir beabsichtigen, auf eine Weise zu handeln, die zu positiven Folgen führt, und wenn wir uns der wahren Absicht sowie des Wesens unserer Handlungen bewusst sind, dann werden wir bessere Ergebnisse erzielen – «besser» im Sinne von weniger Leiden und weniger Schaden.

Das Wort *karma* bedeutet wörtlich «Handlung» oder «Tun». Jede Art von absichtlicher Handlung – mental, verbal oder physisch – ist eine Art von Karma. Heilsame oder rechte Handlungen stärken unseren Sinn für Gleichgewicht, Güte, Mitgefühl, Liebe und Gleichmut. Wenn wir unheilsam oder unweise handeln – wenn wir stehlen, lügen, andere ausnutzen oder aufgrund unseres eigenen Cravings oder unserer Verblendung absichtlich Schaden anrichten – erzeugt dies ein unmittelbares Gefühl des Ungleichgewichts. Es widerspricht unserer Absicht, anderen nicht zu schaden. Karma wird durch unsere Absicht bestimmt und bezieht sich auf jede willentlich-zweckgerichtete Handlung. Das Ergebnis unserer Handlungen kann zu einer Steigerung unseres Glücks oder zusätzlichem Leiden führen. Es gibt keinen Handelnden ohne Handlung, und es gibt keine Handlung ohne Absicht.

Durch unheilsame Handlungen sind wir weniger in der Lage, die nächste Herausforderung oder den nächsten Schmerz, mit dem wir konfrontiert werden, zu bewältigen. Wenn wir z.B. stehlen, müssen wir uns sofort rechtfertigen, warum unsere Gier wichtiger war als der Schaden, den wir durch das Stehlen verursacht haben. Wir müssen uns eine Geschichte ausdenken, unsere Handlungen verbergen und mit der Angst zurechtkommen, erwischt zu werden. Wenn der Diebstahl schließlich entdeckt wird, müssen wir möglicherweise mit finanziellen bzw. rechtlichen Konsequenzen oder einem Vertrauensverlust in unserer Gemeinschaft rechnen. Ähnlich verhält es sich, wenn wir unehrlich sind: Wir konzentrieren unsere Energie sofort darauf, die Unwahrheit aufrechtzuerhalten. Wir müssen den möglichen Schmerz, der anderen und uns selbst durch das Aufdecken der Lüge zugefügt wird, emotional ertragen.

Dieses Verständnis von Karma beruht auf der Einsicht, dass wir für unser eigenes Glück und Unglück verantwortlich sind und dass es für jede Erfahrung von Glück oder Unglück eine Ursache gibt. Aus buddhistischer Sicht bestimmen unsere Entscheidungen – die von unserem gegenwärtigen geistigen, moralischen und emotionalen Zustand abhängig sind – über die Auswirkungen unserer Handlungen. Wenn wir heilsam, mit Verständnis und Mitgefühl handeln, ist es möglich, positive, wohltätige Wirkungen für uns selbst und andere zu erreichen. Wenn wir mit unheilsamer Absicht handeln, verursachen wir unser eigenes Leiden.

Das heißt aber nicht, dass wir immer die Kontrolle über unser Erleben haben. Egal, wie heilsam wir handeln, es kann sein, dass die äußere Welt – Menschen, Orte und Dinge – uns vielleicht nicht das gibt, was wir wollen. Das bedeutet nicht, dass wir «schlechtes Karma» haben oder dass wir versagt haben. Es bedeutet lediglich, dass wir nicht die Kontrolle über alles und jeden haben. Wesentlich ist, dass wir unabhängig von dem, was die Außenwelt uns entgegenwirft, dafür verantwortlich sind, wie wir darauf reagieren und wie wir uns innerlich positionieren. Am Ende des Tages haben wir die Wahl, ob wir als jemand ins Bett gehen, der weise und mitfühlend gehandelt hat, oder eben nicht.

Ein wichtiger Punkt ist, dass die Verantwortung für unser eigenes Glück und Leiden nicht bedeutet, dass wir für Verletzungen oder Traumata verantwortlich sind, die uns von anderen oder durch Umstände außerhalb unserer Kontrolle zugefügt wurden. Viele von uns haben ohne eigenes Verschulden am eigenen Leib Schikanierungen, Unterdrückung und Traumata erfahren. Dem Schmerz dieser Erfahrungen sollte mit Mitgefühl und Fürsorge begegnet werden, statt ihn herunterzuspielen oder zu verdrängen.

Auf dem Pfad der Genesung lernen wir, dass wir diesem Schmerz nicht noch eine weitere Ebene des Leidens hinzufügen müssen. Wir können unsere Heilung beginnen, statt uns von diesen Erfahrungen kontrollieren und einschränken zu lassen. Ohne die anhaltenden Auswirkungen von Traumata in unserem Leben zu ignorieren, beginnen wir zu verstehen, dass unsere Reaktion auf das erneute Aufkommen des Traumas unser Erleben von Leiden und Glück verändern kann.

Die buddhistische Sichtweise ist, dass unsere gegenwärtigen geistigen, moralischen, intellektuellen und emotionalen Umstände das direkte Ergebnis unserer Handlungen und Gewohnheiten sind, sowohl in der Vergangenheit als auch in der Gegenwart. Die Art und Weise, wie wir reagieren, wenn wir mit Schmerz oder Unbehagen konfrontiert werden, verändert unsere Fähigkeit, heilsam mit Leiden umzugehen, sobald es auftritt. Wir finden auch Trost in der Tatsache, dass wir nicht allein sind; dass jeder Mensch schwierige und unangenehme Erfahrungen macht. Es ist die Art und Weise, *wie* wir mit dem Schmerz umgehen, die unsere Erfahrung bestimmt.

Fragen zur Untersuchung der *rechten Erkenntnis:*

☐ Denke an eine Situation in deinem Leben, die Verwirrung oder Unbehagen verursacht. Wie ist diese Situation wirklich? Siehst Du die Situation klar? Oder verlierst Du Dich in Beurteilungen, nimmst Dinge aus Geschichten, die Du Dir selbst einredest, persönlich, oder wiederholst verinnerlichte Botschaften? Wenn ja, wie genau?

☐ Ist Deine Sicht durch Gier, Hass, Verwirrung, Anhaftung, Festklammern oder überwältigendes Verlangen getrübt? Wenn ja, wie genau?

☐ In welchen Situationen und Bereichen Deines Lebens fällt es Dir am schwersten, zwischen Wünschen und Bedürfnissen zu unterscheiden? Gibt es Bereiche oder Beziehungen, in denen der Drang nach der Erfüllung Deiner Wünsche alles andere überschattet? Hat sich das im Laufe deiner Genesung verändert?

☐ Gibt es Bereiche in Deinem Leben, in denen Du unangenehme Erfahrungen fortsetzt, weil du glaubst, dass du es «musst» oder «brauchst»?

☐ Wie zeigt sich *karma* – das Gesetz von Ursache und Wirkung – im Hier und Jetzt? In welchen Lebensbereichen hast du noch mit den Aus- oder Nachwirkungen von vergangenen Handlungen zu tun – sowohl positiv als auch negativ?

Rechte Absicht

Die *rechte Absicht* beschreibt die Haltung oder Herangehensweise, die wir gegenüber uns selbst und der Welt einnehmen bzw. an den Tag legen. Wir können uns dafür entscheiden, keinen Schaden anzurichten, indem wir Handlungen mit schädlichen Konsequenzen vermeiden und uns von den Cravings lösen, die im jeweiligen Moment überwältigend erscheinen. Wir entwickeln eine gütige und mitfühlende Haltung gegenüber uns selbst und der Welt. *Rechte Absicht* führt dazu, dass wir aufhören, Dinge zu tun, die auf Böswilligkeit, Hass, Gewalt und Egoismus beruhen. Sie wirkt sich auf alle unsere Beziehungen aus: zu uns selbst, zu anderen Menschen, zu unserer Gemeinschaft und zur Welt als Ganzem.

Rechte Absicht ist die Entscheidung, auf eine Weise zu handeln, die gutes Karma erzeugt – und Handlungen zu vermeiden, die schlechtes Karma erzeugen. Wir beginnen, jene Gedanken zu betrachten, die uns veranlassen, auf heilsame oder unheilsame Weise zu handeln. Wenn unsere Gedanken auf Verwirrung, Angst und Gier beruhen, dann werden wir mit unseren Handlungen schlechte Ergebnisse erwirken. Wenn unsere Gedanken auf Großzügigkeit, Mitgefühl und dem Vermeiden von Anhaftung beruhen, dann werden unsere Handlungen gute Ergebnisse erwirken. Auf Güte und Wohlwollen beruhende Gedanken, die frei von dem Wunsch oder der Absicht sind, Schaden anzurichten, führen dazu, dass wir auf heilsame Weise handeln.

Es mag Zeiten geben, in denen wir nicht unbedingt auf gesunde Art und Weise handeln *wollen*. Vielleicht wissen wir, was das Richtige ist, aber wir wollen es einfach nicht tun. In diesen Momenten können wir uns auf unsere Absicht konzentrieren. Vielleicht sind wir noch nicht bereit, etwas Schwieriges zu tun, ein bestimmtes Verhalten aufzugeben, eine Grenze zu setzen oder jemandem zu vergeben, gegen den wir Groll hegen. Aber wir können unsere Absicht erklären, all jenes zu tun, und unsere Bereitschaft dazu in der Meditation untersuchen, indem wir Botschaften wiederholen wie:

«Möge ich die Bereitschaft haben, zu vergeben. Möge ich die Bereitschaft haben, mit dem Rauchen aufzuhören (oder auf das Stück Kuchen zu verzichten, oder heute Abend nicht im Internet zu surfen usw.). Möge ich die Bereitschaft haben, bei meiner Partner*in Wiedergutmachung zu leisten.»

Die erste Entscheidung, die wir im Rahmen der *rechten Absicht* treffen können, ist jene für **Großzügigkeit**. Großzügigkeit lehrt uns, unsere Selbstbezogenheit loszulassen; das Festklammern an Vorstellungen von «meinem» und «mir» aufzugeben. Egoismus bzw. Selbstbezogenheit ist eine Möglichkeit, unser süchtiges Verhalten zu rechtfertigen und daran festzuhalten. Großzügigkeit entsteht aus dem Gewahrwerden heraus, dass wir in einem bestimmten Moment zu sehr an unserem Egoismus festhalten. Das karmische Ergebnis, die Welt nur durch die Perspektive von «ich», «mein» und «was ich will» zu betrachten, führt zu Einsamkeit, Trennung und Unzufriedenheit. Das Loslassen dieser Anhaftung kann die Lösung sein.

Ohne Großzügigkeit ist der Geist auf einen kleinen, engen Raum beschränkt. Alles, was nicht mit «mir und meinem» zu tun hat, ist tabu. In Zeiten der Abhängigkeit konzentriert sich unsere Welt auf die Befriedigung unserer Gelüste, auf das Festhalten an dem, was wir gerade wollen. Wir werden in die Reaktivität des Überlebensmodus hineingezogen und glauben, dass wir unser Suchtmittel oder -verhalten haben müssen, um zu überleben. Unsere «Bedürfnisse» nach Erleichterung oder Vergnügen verzehren uns und wir werden blind für die Bedürfnisse der Menschen um uns herum. Wir beginnen vielleicht sogar, sie als Bedrohung zu sehen.

Wir können aus diesem Kreislauf ausbrechen, indem wir unser Herz öffnen; indem wir für andere Menschen da sind und ihnen dienen. Großzügigkeit gibt uns Raum, auf die Menschen um uns herum einzugehen und ihr Wohlergehen in unsere Entscheidungen miteinzubeziehen. Das kann natürlich für diejenigen von uns, die mit Co-Abhängigkeit zu kämpfen haben, ein heikles Konzept sein. Großzügigkeit bedeutet nicht, dass wir uns grenzenlos hingeben, bis wir aufgebraucht sind. Es bedeutet nicht, dass wir «helfen» als eine Form der Manipulation benutzen, um zu bekommen, was wir wollen. Auch hier ist es wichtig, dass wir ehrlich in Bezug auf die Absicht hinter unseren Handlungen sind.

Wir versuchen, Absicht und Wirkung nicht zu verwechseln. Unsere Absicht bei einer Handlung mag sein, nicht zu schaden; manchmal verletzen wir jedoch trotzdem jemanden. Viele von uns haben das in ihren Süchten erlebt. Ohne es zu beabsichtigen und oft sogar ohne uns dessen bewusst zu sein, haben wir im Leben anderer Menschen Schaden angerichtet. Auf dem Pfad der Genesung praktizieren wir Mitgefühl, indem wir Rechenschaft ablegen, wenn unsere Handlungen jemanden verletzen, und diese

Verletzung ohne Schuld oder Scham, Verteidigung oder Rechtfertigung anerkennen.

Großzügigkeit ermöglicht es uns, **wertschätzende Freude** zu kultivieren, die **erste der vier Herzensübungen** des Buddhismus, zusammen mit **Mitgefühl, liebevoller Güte** und **Gleichmut.**

Wertschätzende Freude: Der entsprechende Pali-Begriff lautet *mudita* und bedeutet, glücklich zu sein, wenn jemand anderes Glück, Freude und Frieden erfährt. Großzügigkeit lässt uns das Glück anderer wertschätzen, statt Gefühle von Neid oder Eifersucht zu haben oder ihnen gar weniger Glück zu wünschen, damit wir daneben ein bisschen glücklicher erscheinen. Wir wünschen der anderen Person zunehmendes Glück und dass sie friedvoller werden möge. So lernen wir diese Dinge in ihrem Leben zu schätzen. Im Moment des Gebens, der Großzügigkeit, haben wir das egozentrische Begehren und das Greifen nach dem, was *mein* ist oder was *mir* Freude bereitet, losgelassen. Wir geben jeden Groll oder jede Abneigung auf, die wir gegenüber der Person und der Welt empfinden. Anstatt Trennung zu schaffen und uns zurückzuziehen, fördern wir aktiv die Wertschätzung für die Nähe und Verbunden-heit mit der Welt.

Es handelt sich hierbei um eine Freude, die nicht durch egoistische Wünsche, Neid oder Missgunst belastet ist. Es ist die reine Freude über das Glück eines anderen. Wir können uns dafür entscheiden, dieses Gefühl der Freude über das Glück und den Erfolg anderer zu pflegen, ohne im Wettbewerb zu stehen oder zu vergleichen. Tatsächlich ist es ein Gefühl, das uns Menschen angeboren ist; es wird jedoch oft vernachlässigt, wenn unsere Aufmerksamkeit auf egoistisches Verlangen gerichtet ist. Darin liegt die Großzügigkeit: sich am Glück anderer zu erfreuen, ohne im Gegenzug dafür etwas für sich selbst zu verlangen.

Mitgefühl: Die **zweite Herzensübung** ist das **Mitgefühl** (Pali: *karuna*), das in erster Linie die Bereitschaft bedeutet, sich Schmerz zu nähern: sich ihm gewahr zu werden, ihn anzuerkennen und weise darauf zu reagieren. Das ist nicht einfach, denn genau wie wir vor unserem eigenen Schmerz davonlaufen oder ihn unterdrücken wollen, wollen wir auch vermeiden, etwas mit dem Schmerz anderer zu tun zu haben. Mitgefühl bedeutet, mit unserem eigenen Schmerz *und* dem der anderen zu leben. Die Grausamkeit der Gleichgültigkeit endet damit. Mitgefühl für uns selbst ist entscheidend; es ist der Schlüssel zur Heilung der Scham- und Schuldgefühle, die wir oft beim Erkennen jener Schäden empfinden, die wir durch unsere Süchte verursacht haben.

Mitgefühl bedeutet nicht nur, Anteilnahme und Hilfe anzubieten. Es ist auch die Absicht, anderen und uns selbst keinen Schaden zuzufügen. Hier können wir am leichtesten den Unterschied zwischen heilsamen und unheilsamen Handlungen sowie den dahinterstehenden Absichten erkennen. Grausamkeit und all der Schaden, den sie in der Welt anrichtet, entsteht durch einen Mangel an Mitgefühl. Grausamkeit ist der Wunsch, Schmerz zu verursachen. Mitgefühl bedeutet, sich um das Wohlergehen und das Glück anderer zu kümmern. Mitgefühl beruht auf dem Verzicht, Lebewesen zu schaden und bedeutet nicht nur den Wunsch, sondern auch die Absicht, ihrem Leiden ein Ende zu setzen. Wir müssen unser Herz (nicht nur unseren Verstand) für all das Leiden öffnen, das von uns und in der Welt erfahren wird. Mitgefühl ist nicht nur ein Gefühl: es ist Handeln.

Liebevolle Güte: Die **dritte Herzensübung** ist die **liebevolle Güte**, auch bekannt als *metta* (Pali). Dabei geht es um Gedanken, die frei von bösem Willen sind und die Wünsche enthalten, dass andere Glück, Wohlbefinden und Freiheit von Leiden erfahren mögen. Das Wohlergehen eines jeden wird in unser Handeln in der Welt miteinbezogen. *Metta* ist nicht an Bedingungen geknüpft und wird nicht nur Menschen entgegengebracht, die wir mögen. Wir können (Für)Sorge zeigen, auch wenn wir unseren eigenen Schmerz spüren. Wir können uns *Metta* vergegenwärtigen, wenn wir mit Schwierigkeiten konfrontiert sind oder von widersprüchlichen Gefühlen über die momentanen Lebensumstände hin- und hergerissen werden. *Metta* hängt nicht davon ab, ob Menschen auf eine bestimmte Weise handeln, ob wir uns gerade auf bestimmte Weise fühlen oder davon, ob unsere Fürsorge Wirkung zeigt. Es befreit uns davon, uns nur dann um das Wohlergehen anderer zu kümmern, wenn wir glauben, dass sich etwas (für uns) daraus ergibt. Mit *Metta* stellen wir uns nicht die Frage: «Bringt es etwas, sich um das Wohlergehen dieser Person zu kümmern?»

Die Art und Weise, wie wir über eine andere Person denken, hängt also nicht von ihrem Verhalten oder der Person an sich ab. Wie wir über jemanden denken, liegt an uns – und wenn es von *Metta* geprägt ist, dann können wir uns sogar um das Wohlergehen der schwierigsten und unangenehmsten Menschen kümmern, die wir kennen. Wir können aufrichtig hoffen, dass jeder Mensch einen

Weg findet, glücklich zu sein, ohne Schaden anzurichten. Dieses Wohlwollen anderen gegenüber befreit uns von der Reaktivität und dem Ärger, die entstehen können, wenn wir uns auf das Verhalten der Person oder darauf, was sie unserer Meinung nach tun *sollte*, konzentrieren. Wir können das Leiden und den Schmerz sehen, den jemand als Ergebnis seiner Handlungen erfährt und uns um diesen Schmerz kümmern – selbst wenn dieser wiederum uns selbst oder anderen Schmerz verursachen könnte. Unser Wunsch bleibt, dass alle Wesen frei sein mögen von Schmerz und Leiden; dass sie Hass und Angst entkommen mögen; dass sie sich wohlfühlen und Glück finden mögen.

Großzügigkeit, Mitgefühl und liebevolle Güte machen **Versöhnlichkeit** nicht nur erst möglich, sondern sind auch für unsere Genesung unerlässlich. Versöhnlichkeit beruht auf dem Verständnis und der Fürsorge für jenen Schmerz und jene Verwirrung, die zu schädlichen Handlungen führen. Wir können vergeben, wenn wir uns eher auf die Person als auf eine ihrer Handlungen konzentrieren. Wir können gegenwärtig nur dann vergeben, wenn unser Schmerz und unsere Wut uns gewahrwerden lassen, dass Groll unsere eigenen Reaktionen von Mitgefühl und Großzügigkeit blockiert. Somit schenken wir Versöhnlichkeit eher uns selbst als der Person, die uns verletzt hat. Es geht mehr um unsere eigene bewusste Absicht, wie wir auf die Person reagieren wollen. So wie wir manchmal aus Angst, Gier oder Verwirrung handeln, sehen wir, dass andere das ebenfalls tun. Versöhnlichkeit bedeutet nicht, dass wir Schaden akzeptieren oder tolerieren. Versöhnlichkeit entstammt dem Verständnis und der Akzeptanz, dass die uns schädigende Person dies aus eigenem Schmerz und eigener Verwirrung heraus tut. Wir bringen dieser Person

Mitgefühl und Wohlwollen entgegen und versuchen auch aktiv, das Schädigen zu stoppen. Dies kann bedeuten, dass wir sichere Grenzen ziehen oder uns selbst aus der Gefahrenzone entfernen. Aber wir tun dies aus Mitgefühl und Verständnis, nicht aus Groll.

Es ist zudem essentiell, dass wir die heilende Kraft der Versöhnlichkeit und des Mitgefühls auf uns selbst ausweiten. Versöhnlichkeit ermöglicht es uns, die Schuld und Scham über unsere eigenen schädlichen Handlungen loszulassen. Wir erinnern uns daran, dass Mitgefühl eine Handlung ist. Wenn wir uns also selbst vergeben, fassen wir die Absicht, den Schaden, den wir anderen und uns selbst zugefügt haben, nicht erneut zu verursachen oder fortzusetzen.

Wiedergutmachung ist ein wichtiger Bestandteil von Versöhnlichkeit. Wenn wir uns über den Schaden klar werden, den wir durch unsere Sucht verursacht haben, verpflichten wir uns, dieses schädliche Verhalten wiedergutzumachen.

Wir leisten keine Wiedergutmachung, um einer äußeren Moralvorstellung zu genügen, um Vergebung zu erlangen oder etwas zurückzubekommen. Stattdessen nutzen wir diesen Prozess, um unsere Erwartungen und Enttäuschungen in Bezug auf andere und uns selbst loszulassen – um unsere Wunschvorstellung von einer andersartigen Vergangenheit loszulassen.

Eines der zentralen Prinzipien von *Karma* lautet: Allein ich bin dafür verantwortlich, wie sich meine vergangenen Handlungen auf meine *gegenwärtigen* Reaktionen auf das Geschehen in der Welt auswirken. Wir ändern unsere

Gewohnheiten, indem wir die Vergangenheit loslassen und das Gleichgewicht in unseren Beziehungen wieder-herstellen.

Dinge, die wir in der Vergangenheit getan haben, haben Verhaltensmuster geschaffen, die unsere Gedanken und Absichten auch in der Gegenwart prägen. Dieser Vorgang hört erst auf, wenn wir unsere Haltung zu diesen Mustern und zu den Menschen, denen wir geschadet haben, ändern. Bei der Wiedergutmachung geht es nicht darum, andere um Vergebung zu bitten. In gewissem Sinne ist es eine Handlung, mit der wir uns selbst vergeben.

Sobald wir unseren Einfluss auf andere verstehen und uns dieser Realität stellen, beginnen wir, den Sinn von Wiedergutmachung zu verstehen. Unser Praktizieren von Mitgefühl führt zu dem Wunsch, das Leiden der Menschen zu lindern, denen wir geschadet haben; ebenso zu der Selbstverpflichtung, kein weiteres Leiden zu verursachen. Selbst wenn die Person nicht mehr Teil unseres Lebens ist, ist es möglich, ihren Schmerz anzuerkennen und ihr unser Wohlwollen und unsere Reue anzubieten. Wieder-gutmachung bedeutet, dass wir unser Möglichstes tun, um den Schaden bzw. das Unrecht zu beheben.

Wenn das nicht möglich ist, beschließen wir, etwas Gutes zu tun – nicht als Entschädigung, sondern um unsere Gewohnheiten in eine andere Richtung zu entwickeln. Wenn wir bewusst Verantwortung für unsere Handlungen übernehmen, nehmen wir Abstand von schädlichem Ver-meiden sowie Selbstverurteilungen und entwickeln ein Gefühl der Verbundenheit, des Friedens und der Leichtig-keit. Der Ausgangspunkt von Wiedergutmachung liegt in der Bereitschaft, uns selbst zu vergeben und den Weg der Versöhnlichkeit zu gehen: nicht nur mit jenen, denen wir geschadet haben, sondern auch mit unserem eigenen Herzen und Geist.

Gleichmut: Großzügigkeit, Mitgefühl, Güte und Versöhnlichkeit ermöglichen es uns schließlich, **Gleichmut** (Pali: *upekkhā*) **als vierte der Herzensübungen** bei der Begegnung mit Schmerz und Unbehagen zu erleben, sowohl bei uns selbst als auch bei anderen. Während unserer Sucht haben wir auf Situationen, die uns Ärger, Angst oder Groll einflößten, oft mit dem Verlangen nach Veränderung dieser Situation reagiert. Wir gaben auf und ergaben uns der Negativität des Lebens. Gleichmut bedeutet nicht, aufzugeben; es hat eher eine Qualität des *Nachgebens*. Es bedeutet, im Hier und Jetzt Frieden zu finden, unabhängig von den äußeren Umständen. Gleichmut ermöglicht es uns, mitten im Geschehen zu sein, die Dinge zu verstehen und zu akzeptieren, wie sie sind, ohne flüchten zu müssen. Als wir aufgegeben hatten, haben wir gesagt: «Es ist mir egal, was passiert.» Gleichmut hingegen ist die Fähigkeit zu sagen: «Ich kann mich dem stellen.» Es ist die Akzeptanz der Tatsache, dass wir zwar einige Dinge nicht ändern können, aber immer noch die Macht darüber haben, wie wir auf sie reagieren. Wir haben zwar nicht immer die Kontrolle über unsere Gedanken und Gefühle, aber wir haben die Macht darüber, wie wir sie nähren.

Fragen zur Untersuchung der *rechten Absicht:*

☐ Wie hast du dich in den Zeiten Deiner Sucht verhalten, als Du klammernd, gefühllos, hart, grausam oder unversöhnlich warst? Gegen wen (einschließlich Dir selbst) waren diese Gefühle gerichtet? Wie hätten Großzügigkeit, Mitgefühl, Freundlichkeit und Versöhnlichkeit Dein Verhalten verändern können?

☐ Welche Handlungen hast du begangen, die anderen geschadet haben?

☐ Hast Du die Absicht, Dich sowohl mit Dir selbst als auch mit der Person oder den Personen, denen Du Schaden zugefügt hast, zu versöhnen (Wiedergutmachung zu leisten)? Wenn ja, hast Du eine weise Freund˙in oder Mentor˙in gefunden, an die Du Dich wenden kannst, um Anleitung und Unterstützung im Wiedergutmachungsprozess zu erhalten? Welche Unterstützung kann diese Person bieten, wenn Du den Prozess der Wiedergutmachung beginnst?

Wiedergutmachung

☐ Hast Du etwas absichtlich getan, von dem Du jetzt weißt, dass es jemand anderem Schaden zugefügt hat? Wem wurde durch Dein Handeln geschadet?

☐ Hast Du den aufrichtigen Vorsatz gefasst, schädigende Handlungen nicht zu wiederholen und aus den Erfahrungen für zukünftige Interaktionen zu lernen? Hast Du damit begonnen, die schädlichen Handlungen aus deiner Vergangenheit direkt anzusprechen?

☐ Die Wiedergutmachung hängt von den Umständen ab, einschließlich Deiner gegenwärtigen Beziehung zu der Person und dem Ausmaß, in dem Du den verursachten Schaden durch direkte Handlungen rückgängig machen kannst (z.B. die Richtigstellung einer öffentlichen Unwahrheit oder die Entschädigung für Dinge, die Du Dir genommen hast, ohne dass sie Dir angeboten wurden). Stell Dir die Frage: «Was kann ich in der Gegenwart tun?»

☐ Kannst Du Dich mit dem Schaden, den Du verursacht hast, auseinandersetzen, ohne der Erwartung der Vergebung anzuhaften? Ermittle die Motivation für jede Wiedergutmachung.

☐ Welche Handlungen würden das Gleichgewicht Deiner Gefühle und im Umgang mit dem Schaden, den Du verursacht hast, wiederherstellen? Können diese Schritte unternommen werden, ohne der Person oder der Beziehung neuen Schaden zuzufügen?

☐ Wenn Du gerade eine schwierige Situation oder Entscheidung in Deinem Leben vor Dir hast, untersuche die Absicht, die Du dieser Situation entgegen bringst.

☐ Bist Du egoistisch oder selbstsüchtig? Wie?

☐ Wirst Du von Abneigung (Weglaufen vor einer unangenehmen Erfahrung) oder von Verlangen (Greifen nach Vergnügen) angetrieben? Wie?

☐ Wie könntest Du in dieser Situation einen Geist der Großzügigkeit, des Mitgefühls, der Freundlichkeit, der wertschätzenden Freude und der Versöhnlichkeit einbringen?

☐ Inwiefern würde die Situation anders aussehen, wenn
Du diese Faktoren bedenken würdest, *bevor* Du reagierst
oder antwortest?

☐ Könntest Du andernfalls zumindest die Absicht und Bereitschaft aufbringen, diese Faktoren zu bedenken?

Rechte Rede

Die *rechte Rede* basiert auf der Absicht, keinen Schaden anzurichten. Wir alle haben unsere Sprache schon auf eine Art und Weise eingesetzt, die Schaden anrichten kann: lügen, damit andere nicht wissen, was wirklich vor sich geht; Klatsch und Tratsch mit der Absicht, jemanden herabzusetzen oder unseren Wunsch nach Anerkennung zu befriedigen; Zeit und Aufmerksamkeit rauben, indem wir ohne Punkt und Komma plappern; oder versuchen, andere davon zu überzeugen, unsere eigenen Bedürfnisse auf Kosten ihrer eigenen zu erfüllen. Die *rechte Rede* umfasst alle Arten, in denen wir uns ausdrücken, auch schriftlich und online.

Die grundlegende Voraussetzung für die *rechte Rede* ist Ehrlichkeit und Aufrichtigkeit. Unehrlichkeit besteht nicht nur in Form von glatten Lügen, sondern kann auch als Übertreibung, Verharmlosung oder Weglassen auftreten – jeweils mit der Absicht, ein falsches Bild zu vermitteln oder die Realität zu verzerren. Sie kann die Form von «Notlügen» annehmen, um Peinlichkeiten oder Bloßstellungen zu vermeiden; Halbwahrheiten, um nicht erwischt zu werden; oder vermeintlich harmlose Aussagen auf Kosten anderer.

In der Hoffnung, klüger oder selbstbewusster zu erscheinen, sagen wir womöglich mehr, als wir tatsächlich wissen. Manchmal sagen wir etwas, bevor wir die Wahrheit kennen.

Unehrlichkeit hat mit unserer Absicht beim Sprechen zu tun – sind wir durch Gier, Angst oder Verwirrung motiviert? Oder sind wir durch den aufrichtigen Wunsch motiviert, das auszudrücken, was wahr, nützlich, gütig und angemessen ist? *Rechte Rede* bedeutet, dass wir mit der Absicht sprechen, keinen Schaden zu verursachen und die Sicherheit in unserer Gemeinschaft zu fördern.

In der aktiven Sucht wird Unehrlichkeit zur Gewohnheit. Wir lügen, um die Art und das Ausmaß unseres Konsums und Verhaltens zu vertuschen oder andere in die Irre zu führen. Wir lügen, um das von unserer Fixierung genährte Craving zu befriedigen, indem wir unsere Handlungen, unsere Gefühle oder die Menge an Geld und Mühe, die wir in die Befriedigung dieses Verlangens stecken, verbergen. Viele von uns lügen nur um der Lüge willen – weil die Wahrheit eine Realität darstellt, die wir nicht ertragen können. Wir sitzen in der Falle unserer Geheimnisse und für viele von uns wird das Doppelleben zu einer ganz eigenen Sucht. Aus diesem Grund ist Ehrlichkeit die Grundlage für die Genesung. Unehrlichkeit ist eine der Gewohnheiten, die unser süchtiges Verhalten erst gedeihen lässt. Daher muss die Genesung mit einer ehrlichen Einschätzung dessen beginnen, welche Lügen wir erzählen und welche Unehrlichkeiten wir während unseres Suchtverhaltens verbreitet haben.

Der *Buddha* gab neben der Aufrichtigkeit weitere Richtlinien für die *rechte Rede*. Er sagte, man solle Verleumdung und Tratsch vermeiden, da er erkannte, dass solch unweise Rede Konflikte verursacht und die Gemeinschaft weniger sicher macht. Wenn wir also über andere sprechen, können wir uns selbst fragen: Was ist unsere Absicht? Wollen wir Spaltung oder Ausgrenzung verursachen? Wollen wir jemanden beschämen oder in

Verlegenheit bringen, oder wollen wir uns selbst auf Kosten eines anderen besser dastehen lassen? Es ist möglich, über andere Menschen mit der Absicht von Güte, Großzügigkeit und Mitgefühl zu sprechen und sich so um gegenseitiges Verständnis und Unterstützung füreinander zu bemühen. Mit Tratsch und Verleumdung hingegen wird Schaden angerichtet. Ebenso kann beiläufiges Geschwätz und das Sprechen, nur um gehört zu werden, oder um bei Unwohlsein Zeit zu schinden, dazu führen, dass man uns abweist oder ignoriert. Außerdem kann es Ungeduld und Intoleranz innerhalb einer Gemeinschaft auslösen.

Zur *rechten Rede* gehört auch der *Ton*, in dem wir sprechen. Wenn wir uns harsch, wütend oder beleidigend ausdrücken, werden wir möglicherweise nicht gehört, selbst wenn wir die Wahrheit sagen. Sanftes Sprechen mit der Absicht von Güte sorgt für eine Gemeinschaft der Wärme und Sicherheit.

Es mag so klingen, als ginge es bei der *rechten Rede* vor allem darum, zu erkennen, wann man *nicht* sprechen sollte. Aber das ist nicht immer der Fall: Viele von uns sind in Familien aufgewachsen, in denen es nicht sicher war, offen über unsere Gedanken und Gefühle zu sprechen. Einigen wurde aufgrund bestimmter Erfahrungen oder kultureller Prägung beigebracht, dass wir nicht die Erlaubnis haben, uns auszudrücken. Für viele von uns kann die Praxis der *rechten Rede* bedeuten, dass wir lernen, unsere zum Schweigen gebrachten Stimmen zu gebrauchen und die aus Gewohnheit verborgen gehaltenen Bedürfnisse und Grenzen weise zu kommunizieren. Viele von uns haben in dem Bestreben, gemocht zu werden, oder aus Angst, für Aufruhr zu sorgen, das Nettsein der Ehrlichkeit und

Aufrichtigkeit vorgezogen. Die *rechte Rede* lehrt uns, dass sich zu äußern die rechte Entscheidung sein kann – auch wenn es schwer fällt. Sprache kann nämlich nur dann wirklich gütig sein, wenn wir uns damit selbst keinen Schaden zufügen.

Ein letzter Teil der *rechten Rede* ist das aufmerksame Zuhören. Wir müssen mit Mitgefühl, Verständnis und Aufgeschlossenheit zuhören. Es kann sehr hilfreich sein, zu beobachten, wie viel Zeit wir damit verbringen, jemandem «zuzuhören», während wir eigentlich urteilen oder bereits planen, was wir antworten werden. Tiefes Zuhören – ohne Egoismus oder eine Agenda – ist ein Akt der Großzügigkeit, der es uns ermöglicht, echte Verbindungen aufzubauen.

Fragen zur Untersuchung der *rechten Rede:*

☐ Hast Du mit Gesagtem Schaden angerichtet? Wie genau?

☐ Warst Du in Deiner Kommunikation unehrlich oder harsch? Wann und auf welche Art und Weise genau?

☐ Nutzt Du Deine Worte, um andere zu verletzen oder zu kontrollieren, um eine falsche Vorstellung oder ein falsches Bild von Dir oder der Realität zu vermitteln, um Aufmerksamkeit zu erlangen oder um unangenehmes Schweigen zu vermeiden? Nenne konkrete Fälle, in denen Du Sprache benutzt hast, um Menschen irrezuführen oder abzulenken.

☐ Achtest Du darauf, mit Deiner Rede keinen Schaden anzurichten?

☐ Sagst Du Dinge, von denen Du weißt, dass sie nicht wahr
sind? Gibst Du fälschlicherweise vor, die Wahrheit über
etwas zu wissen, um besser informiert oder glaubwürdi-
ger zu erscheinen, als Du es bist? Nenne einige Beispiele.

Rechtes Handeln

Auch das *rechte Handeln* basiert auf der Absicht, keinen Schaden anzurichten sowie Mitgefühl, liebevolle Güte, Großzügigkeit und Versöhnlichkeit zu fördern. Wir versuchen, das zu tun, was heilsam ist, und unheilsames Handeln zu vermeiden. *Rechtes Handeln* verlangt, dass wir versuchen, Entscheidungen zu treffen, die auf Verständnis fußen – nicht auf unreflektierten Gewohnheiten oder Unwissenheit.

Der *Buddha* schlug vor, dass wir uns selbst verpflichten, fünf bestimmte Handlungen zu vermeiden, die Schaden verursachen. Diese sind auch als die fünf *Silas*[4] bekannt. Wir bekennen uns zu diesen als unserem grundlegenden moralischen Kompass:

1. Wir beabsichtigen, kein anderes Leben zu nehmen und uns selbst oder einem anderen Lebewesen keinen Schaden zuzufügen.

2. Wir beabsichtigen, nicht zu nehmen, was nicht freiwillig gegeben wird, und nicht zu stehlen.

3. Wir beabsichtigen, durch unser sexuelles Verhalten keinen Schaden zu verursachen sowie uns der Auswirkungen unserer sexuellen Aktivität und unserer Lust bewusst zu sein.

---

4 Tugend, Sittlichkeit (Pali). Es handelt sich dabei nicht um Gebote wie etwa in theistischen Religionen, sondern um Vorsätze oder Absichten, bestimmte Tugenden zu entwickeln und zu kultivieren.

4. Wir beabsichtigen, ehrlich zu sein, nicht zu lügen und Sprache nicht auf schädliche Weise zu verwenden.

5. Wir beabsichtigen, den Konsum von Rauschmitteln und berauschenden Verhaltensweisen, die unser Bewusstsein trüben, zu vermeiden.

Wir müssen fortwährend die Absichten hinter unseren Handlungen reflektieren und sie hinterfragen. Wir mögen Momente der Klarheit haben, aber diese können schnell vorübergehen, wenn alte Gewohnheiten oder Gedanken wieder auftauchen.

Wir nehmen uns vor, uns ständig an unsere Absicht zu *rechtem Handeln* zu erinnern: auf eine Weise zu handeln, die nicht schädlich ist.

Fragen zur Untersuchung des *rechten Handelns*:

☐ Hast du auf eine Art und Weise gehandelt, die unheilsam war oder die Leiden verursacht hat? Wie genau?

☐ Was hätte sich an den Folgen Deiner Handlungen verändert, wenn du stattdessen aus Mitgefühl, Güte, Großzügigkeit und Versöhnlichkeit gehandelt hättest?

☐ Hättest Du heute eine andere emotionale oder geistige Reaktion auf Deine damaligen Handlungen, wenn Du nach diesen Prinzipien gehandelt hättest?

Erstes *Sila:*

☐ Hast Du Schaden angerichtet? Wie genau? (Nimm hierbei ein weit gefasstes Verständnis von «Schaden» an: körperlich, emotional, geistig und karmisch ebenso wie finanziell, juristisch, moralisch oder anderweitig.)

☐ Selbst wenn Du keine konkreten Schäden nennen kannst: Kann es sein, dass Du absichtlich etwas verleugnest?

Zweites *Sila:*

☐ Menschen *nehmen* in vielerlei Hinsicht: Wir nehmen Dinge bzw. materielle Besitztümer, Zeit und Energie, Fürsorge und Anerkennung. Hast Du (ausgehend von diesem weit gefassten Verständnis), etwas genommen, das Dir nicht freiwillig gegeben wurde? Wie genau? Was sind bei Dir konkrete Beispiele oder Verhaltensmuster?

Drittes *Sila:*

☐ Hast Du dich sexuell unverantwortlich oder egoistisch verhalten oder ohne volle Einwilligung und Gewahrsein (von Dir selbst oder Deinen Partner*innen) gehandelt? Inwiefern?

☐ Wenn Du deine Sexualpartner*innen bzw. -aktivitäten betrachtest, warst Du Dir in jedem Fall völlig im Klaren über andere bestehende Beziehungen, frühere oder aktuelle geistige bzw. emotionale Zustände von Dir und (Deinen) Partner*innen sowie Deinen eigenen sexuellen Absichten? Inwiefern schon und inwiefern nicht?

☐ Basierten Deine sexuellen Handlungen (sowohl bei Dir selbst als auch bei anderen) auf nicht-schädigenden Absichten?

☐ Hast Du Dich auf jede sexuelle Aktivität mit Gewahrsein und Verständnis eingelassen? Inwiefern schon und inwiefern nicht?

Viertes *Sila*:

☐ Bist du unehrlich gewesen? Wie genau?

☐ Gibt es gewisse Muster bei deiner Unehrlichkeit? Hast du unehrlich gehandelt oder gesprochen, um die Wahrheit über dein eigenes Verhalten oder deinen Zustand zu verleugnen oder falsch darzustellen?

☐ Gab es bestimmte Situationen, in denen Deine Unehrlichkeit besonders ausgeprägt war (z.B. in Bezug auf dein Suchtverhalten, bei der Arbeit, im Freundeskreis oder in der Familie)? Untersuche den Ursprung deiner Unehrlichkeit in jedem dieser Kontexte: Basierte sie auf Gier, Verwirrung, Angst oder Verleugnung? Warum hast du gelogen?

Fünftes *Sila*:

☐ Hast du Rauschmittel konsumiert oder andere Verhaltensweisen gezeigt, die deine Wahrnehmung trüben?

☐ Von welchen Substanzen und Verhaltensweisen bist du abhängig geworden, um dein Bewusstsein zu verändern oder zu trüben? Hat sich dies im Laufe der Zeit geändert?

☐ Falls du Perioden der Abstinenz hattest: Hast du deine Suchtmittel oder Verhaltensweisen durch andere Mittel ersetzt, um das Gewahrsein für deine gegenwärtigen Umstände auszublenden? Wenn ja, welche?

☐ Liste Möglichkeiten auf, wie du die *fünf Silas* sowie Mitgefühl, liebevolle Güte und Großzügigkeit bei Deiner Entscheidungsfindung anwenden kannst.

Rechter Lebenserwerb

Das letzte Element in der Kategorie «Ethik» ist der *rechte Lebenserwerb*, der sich darauf konzentriert, wie wir unseren Lebensunterhalt bestreiten. Auch hier geht es darum, Schaden zu vermeiden. Die Arbeit nimmt bei den meisten von uns einen so großen Teil unserer Zeit und Aufmerksamkeit in Anspruch, dass die Art und Weise, wie wir unseren Lebensunterhalt bestreiten, eine besondere Bedeutung hat. Wenn wir das Prinzip des Karmas verstehen und wissen, dass unheilsame Aktivitäten unheilsames Karma erzeugen, müssen wir uns klar sein, dass jede Entscheidung oder jeder Umstand, der uns zu einem bestimmten Job führt, karmische Konsequenzen hat.

Wir versuchen, Tätigkeiten zu vermeiden, die Leiden vermehren, und eine Arbeit anzustreben, die keinen Schaden anrichtet bzw. das Leiden verringert. Der *Buddha* nennt fünf Arten des Lebenserwerbs, die zu vermeiden sind: Waffen-, Menschen- und Drogenhandel, das Töten von Lebewesen sowie Handel mit Giftstoffen. Uns wird angeraten, Berufe zu vermeiden, die auf Unehrlichkeit oder Verletzung beruhen.

Gleich welchem Beruf wir auch nachgehen, wir können ihn auf mitfühlende und achtsame Weise sowie mit der Absicht ausüben, nicht zu schaden, sondern Leiden zu lindern. Das bedeutet, dass wir eine Einstellung zu unserem Beruf entwickeln, die über das reine Geldverdienen hinausgeht. Wir können eine Haltung des Dienens und der Umsicht für die Auswirkungen unseres Handelns auf andere einnehmen – sowohl innerhalb als auch außerhalb unseres Arbeitsplatzes. Beim *rechten Lebenserwerb* geht es nicht darum, uns selbst oder andere für ihre Berufswahl zu verurteilen oder zu versuchen, ihre Möglichkeiten einzuschränken. Stattdessen versuchen wir zu verstehen, warum und wie wir uns in unserem Beruf engagieren können. Welche Arbeit wir auch immer verrichten, wir können die Absicht beibehalten, anderen zugutezukommen.

Fragen zur Untersuchung des *rechten Lebenserwerbs*:

☐ Verursacht Deine Arbeit Schaden? Beschreibe die genaue Art des Schadens. Wie kannst Du Deine Arbeit mit mehr Achtsamkeit und der Absicht von Mitgefühl und Nicht-Schaden verrichten?

☐ Bringst Du Dein Verständnis von Karma und Güte in Deine Arbeit ein? Oder blendest Du diese aus und schließt sie aus dem Bewusstsein für *rechtes Handeln* aus?

☐ Welche Rolle spielt Gier bei den Entscheidungen, die Du für Deinen Lebenserwerb triffst? Steht die Gier Deinem Gewahrsein oder Mitgefühl im Weg?

☐ Wie kannst Du einen größeren Beitrag in Deiner Gemeinschaft leisten?

☐ Wie kannst Du eine Gesinnung der Großzügigkeit in Dein Leben bringen, sowohl innerhalb Deines Berufs als auch außerhalb?

Rechte Anstrengung

Die *rechte Anstrengung* ist das erste Element der Kategorie «Konzentration». Sie bedeutet, dass wir uns auf Verstehen, Genesung und Erwachen konzentrieren. *Rechte Anstrengung* gründet nicht darauf, *wie viel* wir meditieren sollten, *wie viel* Dienst wir leisten sollten oder *wie viel* Zeit wir in gesunde Aktivitäten investieren sollten. Stattdessen geht es um die Absicht, uns mit ausgewogener Energie den anderen Elementen unseres Pfades (insbesondere der Weisheit) zu widmen.

Zunächst sollten wir Situationen und Geisteszustände vermeiden, die zu unheilsamen oder schädlichen Reaktionen führen können. Wir werden uns unserer Lebensumstände bewusster und erforschen unsere eigenen Antworten und Reaktionen darauf. Wenn wir aus Gier, Unwissenheit, Verwirrung oder Verlangen handeln, müssen wir uns dessen bewusst werden.

Wir investieren viel Mühe und Energie, um zu verstehen, welche Bedingungen zu diesen Umständen geführt haben und wie wir Abstand von unseren Reaktionen darauf gewinnen können.

Ebenso werden Energie und Anstrengung dafür aufgewendet, Mitgefühl, liebevolle Güte, Großzügigkeit und Versöhnlichkeit aufkommen zu lassen, wenn sie gerade nicht vorhanden sind. Wenn wir uns dabei ertappen, dass wir eher mit Wut als Mitgefühl, mit Angst statt Großzügigkeit oder mit Schuldzuweisungen statt Versöhnlichkeit reagieren, können wir uns fragen, wie wir reagieren würden, wenn diese positiven Faktoren tatsächlich vorhanden wären und sodann beginnen, heilsamer zu reagieren. Wir sind bereits bestens vertraut damit, sowohl in der Sucht als auch in der Genesung mit uns selbst hart ins Gericht zu gehen, uns selbst zu bestrafen und unter Perfektionismus zu leiden. Wenn wir uns dafür schämen, nicht (gut) genug zu sein oder uns nicht genug anzustrengen, bietet das die perfekte Gelegenheit, *rechte Anstrengung* anzuwenden und über die Frage nachzudenken: «Wie kann ich in diesem Moment gütig und sanft mit mir selbst umgehen?»

In der Anfangsphase der Genesung ist unsere Hauptmotivation möglicherweise Schadensbegrenzung: schlichtweg die Zerstörung und Entmutigung zu stoppen, unter denen wir durch unsere gewohnheitsmäßigen und unheilsamen Reaktionen auf unser Craving gelitten haben.

Wir können einen Anfang machen, indem wir uns diesem Verlangen gewahr werden und lernen, unsere Entscheidungen so zu treffen, dass sie unser Craving nicht triggern. Manchmal reicht das Gewahrsein aus; manchmal ist es auch die einzige Anstrengung, die wir überhaupt aufbringen können. Wenn wir lernen, heilsam auf unsere Trigger zu reagieren, gewinnen wir Raum für mehr Mitgefühl, liebevolle Güte, Großzügigkeit und Versöhnlichkeit. Je mehr diese Praxis zur Gewohnheit wird, desto mehr ersetzen Gleichmut und Friedlichkeit unsere Gewohnheiten des Festklammerns und des Egoismus. Mit unseren Kräften zu haushalten ist wichtig: Nach aktiven Phasen sollten wir uns auch ausruhen. Wir müssen uns bewusst sein, was bzw. wie viel unser Geist, unsere Emotionen, unser Körper und unsere Genesung *in diesem Moment* verkraften können – und den Stress vermeiden, der entstehen kann, wenn wir uns zu schnell zu sehr anstrengen und uns damit überfordern. Wir müssen Dinge vermeiden, die uns in unheilsame Geisteszustände versetzen, und versuchen, Dinge zu tun, die uns zu einer entspannteren Art des Seins im gegenwärtigen Moment zurückbringen.

Versuche, Dir bewusst zu machen, dass das, was Du im Moment erfährst, vorübergehen wird – oft auf unvorhersehbare Weise. Sei Dir bewusst, dass Du nicht wirklich wissen kannst, wie lange eine unangenehme oder schmerzhafte Erfahrung andauern wird. Versuche, offen dafür zu sein, das Erleben zu erkennen und zu erforschen, solange es gegenwärtig ist, ohne es als einen dauerhaften Teil Deiner Erfahrung zu interpretieren.

Die Erkenntnis, dass das Craving, die Erfahrung oder der Gedanke vorübergehen wird, macht es leichter, den Impuls einer unmittelbaren und unheilsamen Reaktion zu vermeiden.

Fragen zur Untersuchung der
rechten Anstrengung:

☐ Welche Anstrengungen hast Du unternommen, um Kontakt zu einer weisen Freund*in, Mentor*in oder Dharma-Buddy herzustellen, die Dir helfen kann, deine Anstrengungen weiterzuentwickeln und ins Gleichgewicht zu bringen?

☐ Denke an eine Situation, die Dir Unbehagen oder Unwohlsein bereitet. Welche Art von Anstrengung bringst Du in diese Situation hinein?

☐ Achte darauf, ob es sich ausgewogen und nachhaltig anfühlt; oder ob Du zu sehr in Richtung Untätigkeit oder Überanstrengung neigst.

☐ Hast Du mit Craving, Abneigungen, Faulheit oder Entmutigung, Unruhe und Sorgen oder mit Zweifeln an Deiner eigenen Fähigkeit zur Genesung zu schaffen? Wie wirken sich diese Hindernisse auf die Entscheidungen aus, die Du triffst?

☐ Vermeidest Du Gefühle, indem Du Dich zurückziehst und aufgibst bzw. durch zwanghaften Umtrieb und Perfektionismus?

Rechte Achtsamkeit

Achtsamkeit – präsent zu sein für das, was in unserem Geist, Körper, Herzen und in der Welt geschieht – ist ein zentraler Bestandteil der Praxis des *achtfachen Pfades*. Wir lernen, den Dingen, wie sie sind, mit Mitgefühl zu begegnen, ohne sie oder uns selbst zu verurteilen. Achtsamkeit bedeutet, sich dessen gewahr zu werden, was gegenwärtig *ist*, es zu bemerken und es vorbeiziehen zu lassen. Es bedeutet zudem, uns ins Bewusstsein zu rufen, dass wir uns auf einem Pfad befinden, der uns zu Freiheit und beständigem Glück führt.

Achtsamkeit erfordert von uns, aufmerksam zu sein und Untersuchungen anzustellen – ohne die Reaktivität und den Kontrollwunsch, welche zu Leiden führen. Wir lernen, wachsam zu sein für das, was geschieht, ohne darauf zu reagieren oder sich dem Geschehen zu verweigern. Viele von uns wurden durch die Süchte daran gehindert, achtsam zu sein. Tatsächlich war genau das oft der Sinn der Sache: Wir benutzten unsere Substanzen und Verhaltensweisen, um Gefühle zu vermeiden; um nicht präsent zu sein, weil das schmerzhaft war. Aber indem wir versuchten, Schmerz zu vermeiden, verursachten wir oft noch größeres Leiden. Nun entscheiden wir uns jedoch dazu, uns mit unserem Unbehagen auseinanderzusetzen, anstatt es von uns zu schieben oder zu versuchen, es zu betäuben. Wir können lernen, mit dem Unbehagen auf unterschiedliche Weise zurechtzukommen, entweder aus nächster Nähe und individuell (indem wir sagen: «Diese Angst ist nur Körperempfindungen.») oder auf eine distanzierte, nicht-anhaftende Weise («Da ist die Angst und ich muss mich nicht von ihr beherrschen lassen.») Wir entscheiden uns dafür, der Angst mit achtsamer Untersuchung sowie Mitgefühl zu begegnen und darauf zu vertrauen, dass sie vorbeigehen wird, wenn wir es zulassen. Wir erinnern uns daran, dass wir auf unsere Lebensumstände anders reagieren können.

Unser Verstand kann sich in unseren Reaktionsweisen auf Erlebnisse verlieren. Wenn etwas passiert, fangen wir unmittelbar an, eine Geschichte, einen Plan oder eine Fantasie dazu zu entwickeln. Wir haben einen Gedanken zu einer Erfahrung, dieser Gedanke führt zum nächsten und so weiter, bis wir weit entfernt sind von einem echten Verständnis des Erlebten. Achtsamkeit bedeutet, die Erfahrung in dem Moment wahrzunehmen, *bevor* wir uns in der Bewertung oder in unseren ausgedachten Geschichten verlieren. Anstatt blindlings unseren Reaktionen auf eine Erfahrung hinterherzurennen, gibt uns Achtsamkeit den Raum, uns für eine heilsame, von Weisheit und Moral geprägte Antwort zu entscheiden.

Achtsamkeit ermutigt uns, offen zu sein und die schmerzhaften Erlebnisse (sowie unsere gewohnheitsmäßigen Reaktionen darauf) zu untersuchen, anstatt sie zu leugnen, zu ignorieren, zu unterdrücken oder vor ihnen wegzulaufen. Die meisten von uns sind von klein auf darauf konditioniert worden, sich selbst am härtesten zu kritisieren, vor allem während unserer Fixierung auf Substanzen und Verhaltensweisen. Wir tragen den Schatten dieses inneren Kritikers mit uns herum, selbst wenn wir uns um Genesung bemühen: indem wir uns selbst negatives Feedback geben und jede unserer Bemühungen kritisch hinterfragen; indem wir uns selbst an unmöglichen Standards der Perfektion orientieren. Wenn wir diese innere

Kritik loslassen, können wir in der Gegenwart achtsam mit unseren Bemühungen umgehen, genauso wie mit dem Mitgefühl und der liebevollen Güte, die wir zu einem Teil unserer Praxis und unseres Lebens machen wollen. Ist es nicht so, dass wir oft *viel* härter zu uns selbst sprechen, als wir es jemals zu jemand anderem tun würden? Es ist wichtig zu bemerken, wenn wir uns selbst zu streng behandeln, und dann die Aufmerksamkeit auf das zu lenken, was wir gut machen. Wir können den negativen Gedanken anerkennen und ihn dann sanft loslassen.

Die Achtsamkeitspraxis basiert auf den so genannten **vier Grundlagen**.

Mit der ersten Grundlage, der **Achtsamkeit gegenüber dem Körper**, richten wir unser Gewahrsein, unsere Aufmerksamkeit bzw. unseren Fokus auf den Atem und die Körperempfindungen. Die Meditationen über den Atem und den Körper konzentrieren sich auf dieses Gewahrsein.

Die zweite Grundlage ist die **Achtsamkeit gegenüber Gefühlen und Gefühlstönen**[5]. Bei dieser Praxis geht es darum, Empfindungen – Gefallen oder Missfallen – wahrzunehmen, die mit jedem Ereignis einhergehen, selbst wenn dieses Ereignis ein Gedanke ist. Achtsamkeit ermutigt uns auch, zu bemerken, wenn ein Ereignis weder angenehm noch unangenehm ist, sondern sich neutral anfühlt. Wir können z.B. die Empfindungen beim Atmen – das Gefühl beim Einatmen, das Gefühl beim Ausatmen – wahrnehmen, indem wir darauf achten, wo

---

5 Das mit einer Empfindung verknüpfte sinnliche Gefühl wie positiv, negativ oder neutral.

in unserem Körper wir den Atem am unmittelbarsten spüren. Wir können die Empfindungen erleben, ohne besondere Freude an den Atembewegungen zu empfinden: Das Atmen ist einfach da, es ist ein natürlicher Prozess des Lebens. Diese zweite Grundlage lehrt uns, sowohl die neutralen als auch die angenehmen oder unangenehmen Eindrücke wahrzunehmen.

Mit der dritten Grundlage, der **Achtsamkeit des Geistes**, bemerken wir, wenn Anhaftung – auch bekannt als Gier oder Craving – erscheint, und machen uns bewusst, dass diese Anhaftung im Geist auftaucht. Wir lernen auch zu bemerken, wenn der Geist nicht an einen bestimmten Gedanken oder eine bestimmte Empfindung gebunden ist. Die gleiche Praxis des Bemerkens wird angewandt, wenn wir uns der Abneigung bewusst werden, die wir als Widerstand oder sogar Hass erleben können, oder ihre Abwesenheit bemerken. Wenn keine Abneigung im Geist vorhanden ist, bemerken wir schließlich, dass der Geist frei (davon) ist.

Mit der vierten Grundlage der Achtsamkeit, der **Achtsamkeit gegenüber geistigen Objekten** (oder geistigen Phänomenen), fangen wir an, einfach zu bemerken, wenn ein Gedanke auftaucht; ihn wahrzunehmen, ohne ihn zu beurteilen oder zu bewerten. Wir erlauben ihm, zu vergehen, ohne an ihm festzuhalten oder eine Geschichte daraus zu machen. Das Training der vierten Grundlage lässt uns gewahr werden, dass Gedanken auftauchen und vergehen, und dass jeder Gedanke vergehen wird, wenn wir es zulassen.

Zwei einfache Praktiken können Achtsamkeit zu einem Teil unseres täglichen Lebens machen. Erstens können wir jederzeit mit dem, was wir gerade tun, innehalten und die Aufmerksamkeit auf das körperliche Gefühl von drei Ein- und Ausatmungen richten. Diese einfache Übung lenkt unsere Aufmerksamkeit auf das, was jetzt gerade da ist, und nicht auf die inneren Stimmen und Kritiker, die wir mit uns herumtragen. Das «Umschalten» von den Geschichten und Beurteilungen, die wir im Laufe des Tages ständig erschaffen, zu dieser einfachen, erdenden Praxis von drei Atemzügen gibt uns den Raum, den wir manchmal brauchen, um zur Achtsamkeit der Gegenwart zurückzukehren.

Eine zweite Übung besteht darin, sich Zeit zu nehmen, um den Wahrheitsgehalt der negativen oder schwierigen Botschaften, die wir an uns selbst richten, zu überprüfen:

Nimm Dir Zeit, um Dich zu fragen, ob die Botschaft wahr ist. Frage Dich, wie sicher Du Dir bist, dass sie wahr ist. Bist Du Dir dessen absolut sicher, was als offensichtliche oder automatische Wahrheit erscheinen mag?

Beobachte, was Du fühlst, wenn Du diesem Gedanken Glauben schenkst: Führt er zu Angst, Wut, Traurigkeit oder Verlangen?

Denke schließlich darüber nach, wer Du ohne diesen Gedanken wärst. Wie würdest Du Dich fühlen, wenn Du nicht in dieser Denkweise oder dem Szenario gefangen wärst, das Du Dir selbst gerade erschaffst?

Fragen zur Untersuchung *der* rechten Achtsamkeit:

☐ Welche Schritte kannst Du unternehmen, um eine regelmäßige Meditationspraxis zu unterhalten?

☐ Welche Schritte kannst Du unternehmen, um im Laufe des Tages mehr Achtsamkeit zu praktizieren, etwa indem Du nachspürst, wie es Dir geht, und innehältst bevor Du auf Situationen reagierst?

☐ Welche Schritte kannst Du unternehmen, um mit Deinem Unbehagen zurechtzukommen, anstatt davor wegzulaufen oder vergänglichen Freuden nachzujagen?

☐ Welche Schritte kannst Du unternehmen, um die «Wahrheiten», die Dir Dein Verstand mitteilt, zu hinterfragen, statt sie automatisch zu glauben? Benenne konkrete Fälle, in denen Dein Verstand und Deine Wahrnehmungen Dich in Bezug auf die Wahrheit einer Situation «belogen» haben. Wie hätte es Deine Reaktion verändert und zu einem weniger schädlichen Ergebnis geführt, wenn Du Dir dessen bewusst gewesen wärst?

☐ Denke an Zeiten, in denen Du Angst, Zweifel oder Zögern verspürt hast. Nun lass Dir ihr vergängliches Wesen bewusst werden. Wie hätte dieses Bewusstsein zu einem Ergebnis führen können, das weniger schädlich gewesen wäre?

Rechte Konzentration

Das letzte Element des *achtfachen Pfades* ist die *rechte Konzentration*. Die Meditationspraxis beginnt mit der Konzentration auf den Atem, den Körper, die emotionale Stimmung des Augenblicks und die Prozesse des Geistes selbst, denn diese Dinge existieren in der Gegenwart. Wenn wir uns z.B. auf den Atem konzentrieren, schenken wir dem gegenwärtigen Moment unsere Aufmerksamkeit, weil unsere Atmung unmittelbar ist: sie geschieht *in diesem Augenblick*. Das Atmen ist ein natürlicher Prozess, der keine Bewertung oder Interpretation erfordert und somit den Geist von der Notwendigkeit einer Reaktion befreit.

Der Zweck der Konzentration ist es, den Geist zu trainieren; fokussiert und unabgelenkt zu sein. Dies führt uns zurück zur Weisheits-Kategorie des *achtfachen Pfades,* in der wir versuchen, uns auf *rechte Erkenntnis* und *rechte Absicht* bzw. Denken zu konzentrieren, ohne uns durch gewohnheitsmäßige Wahrnehmungen und Reaktivität ablenken zu lassen.

Die meisten von uns werden zu Beginn der Meditationspraxis durch Dinge abgelenkt, die uns umgeben. Unsere Konzentration wird durch ein Geräusch außerhalb des Raumes, einen Schmerz oder ein Unbehagen in unserem Körper, unsere eigenen Sorgen oder Urteile über unsere Erfahrung, Langeweile, Müdigkeit, Gedanken oder Pläne unterbrochen. Diese Ablenkungen können zu einem Gefühl des Unbehagens oder der Unruhe führen. Das ist völlig normal. In unseren Süchten haben wir es uns angewöhnt, uns abzulenken; für viele von uns ist dies zu einer Überlebenstechnik geworden. Die Konzentrations-Meditation gibt uns die Möglichkeit, dieser Gewohnheit mit Güte und Geduld zu begegnen, statt mit Widerstand.

Konzentration ist, wie die übrigen Elemente des *achtfachen Pfades*, eine Übung. Wie bei jeder anderen Übung braucht es Zeit und Mühe, um eine neue Art zu erlernen, unsere Aufmerksamkeit zu fokussieren. In der Meditation besteht die Übung einfach darin, die Ablenkung zu bemerken, ihre Existenz zu akzeptieren und sich dann neu zu konzentrieren. Wenn wir uns mit Unbehagen, Gedanken oder Ablenkung beschäftigen, müssen wir zuerst erkennen, dass es passiert, und dann neugierig darauf werden. Daraufhin können wir die Entscheidung treffen, uns neu zu fokussieren – uns auf das Meditationsobjekt zu konzentrieren. Unsere Gewohnheitsmuster können uns dazu verleiten, zu denken, dass wir es falsch machen, unsere Praxis zu bewerten oder aufzugeben. Lass Dich nicht verleiten. Wenn wir beobachten, was unser Geist uns sagt und mit Mitgefühl reagieren (in dem Wissen, dass wir die Macht haben, es zu erkennen und uns erneut zu fokussieren), stärken wir unsere Fähigkeit, uns zu konzentrieren.

Konzentration kann besonders bei Cravings hilfreich sein. Anstatt uns in dem Wahn zu verlieren, das haben zu müssen, wonach wir uns sehnen, können wir darauf vertrauen, dass das Verlangen nur vorübergehend ist und unsere Aufmerksamkeit wieder auf unsere Absicht richten, weise zu handeln. Dies kann einfach durch die bereits erwähnte dreimalige Atempause bewirkt werden, oder mithilfe einer formellen Sitzmeditation mit Konzentration auf den Atem.

Wir können die Konzentrations-Meditation nutzen, um unseren Geist darauf zu trainieren, sich inmitten von vorübergehendem Unbehagen und dem Verlangen nach einer schnellen Lösung auf einen heilsamen Gedanken zu konzentrieren. Dies kann in Form von wiederholten Botschaften geschehen, um den Geist zu fokussieren und zu reinigen, wie z.B. Metta-, Mitgefühls- oder Gleichmuts-Meditationen. Für einige von uns kann es wiederum die Form eines Gebets, einer Selbstbejahung, eines Mantras oder einer anderen Form der konzentrierten Aufmerksamkeit annehmen.

Konzentrationsübungen können ein Gefühl des Wohlbefindens und des Friedens in einer Phase des Aufruhrs vermitteln. Sie sind eine gesunde Methode, um zu einem ausgeglichenen, widerstandsfähigen Zustand zurückzukehren, wenn wir gestresst oder aufgeregt sind.

Manchmal, wenn Cravings oder unangenehme Emotionen besonders stark sind, kann die Bewegung des Körpers der beste Weg sein, um unsere Energie neu zu bündeln und Erleichterung zu finden. Konzentration kann in solchen Momenten bedeuten, dass wir uns auf jede Bewegung, die wir machen, konzentrieren und achtsam sein müssen: *Dies ist mein Fuß, der einen Schritt macht; dies ist meine Hand, die nach der Tasse greift.* Nach einigen Minuten der Konzentrationsübung, in denen wir unser Verlangen bzw. unsere Sucht nicht mit Energie versorgen, stellen wir mitunter fest, dass die Intensität des Gefühls nachgelassen hat. Je öfter wir dies tun, desto mehr gewinnen wir das Vertrauen in unsere Kraft, das Leiden unserer Sucht zu lindern, indem wir diesem Pfad folgen und uns dieser Praxis widmen.

Überlebende von Traumata könnten womöglich von der Konzentration auf den Atem, das Herz und den Geist überfordert sein. Wenn also traditionelle Anker wie Atem und Körper eine Herausforderung darstellen, frage Dich selbst: Was hilft Dir, präsent zu bleiben? Was hilft Dir, Dein Nervensystem zu beruhigen? Vielleicht ist es der Boden vor Dir, eine Statue oder ein Kunstwerk an der Wand. Vielleicht ist es auch einfach nur eine leere Wand. Um präsent zu sein, brauchst Du Deine Aufmerksamkeit nur auf etwas zu richten, das in diesem Moment existiert bzw. geschieht.

Wenn Du spürst, dass während der Meditation starke Emotionen aufkommen, kannst Du einige einfache Dinge tun, um gewahr zu bleiben. Du kannst z.B. Deine Augen öffnen anstatt sie geschlossen zu halten, oder Dir selbst die Erlaubnis geben, Dich von der Übung, die Du gerade machst, zurückzuziehen. Mach, was immer Du tun musst, um für Dich selbst zu sorgen, wenn ein solcher Zustand eintritt – sei es, dass Du ein paar tiefe Atemzüge nimmst, Dein Erleben einfach benennst (z.B.: «Ah, ein Flashback.») oder im Stillen einige mitfühlende Sätze für Dich selbst wiederholst.

Zu lernen, unsere Aufmerksamkeit zwischen herausfordernden Empfindungen und unseren eigenen unterstützenden Ressourcen hin und her zu lenken, ist eine wertvolle Fähigkeit, die Fachleute *Titration*[6] nennen. Du kannst sanft mit Deiner Praxis umgehen, während Du daran arbeitest, diese Fähigkeit zu entwickeln.

---

6   Achtsames, langsames und wohldosiertes Vorgehen bei der Bewältigung von vergangener Belastung.

Fragen zur Untersuchung der
rechten Konzentration:

☐ Wie wirst Du bei der Meditation unkonzentriert oder abgelenkt?

☐ Was lenkt Dich am meisten ab?

☐ Welche Maßnahmen kannst Du ergreifen, um Deinen Geist neu zu fokussieren (ohne Deine eigene Praxis dabei zu bewerten)?

☐ Achte darauf, was Du lernen kannst, wenn Du aufmerksam und gütig wahrnimmst, wohin Deine Gedanken wandern oder was Dich ablenkt.

☐ Welche Maßnahmen kannst Du ergreifen, um Dich zu konzentrieren, damit Du klar sehen und weise handeln kannst?

☐ Welche Maßnahmen kannst Du ergreifen, um während dieses Prozesses gütig und sanft mit Dir selbst umzugehen?

5

Gemeinschaft: *Sangha*

Sangha – frei übersetzt so viel wie Gemeinschaft – ist
das letzte der *drei Juwelen*. In der *Sangha* haben wir die
Möglichkeit, *Buddha* und *Dharma* zum gemeinschaft-
lichen Ausdruck zu bringen und Unterstützung bei der
Verwirklichung dieser Methoden zu erfahren. Die *Sangha*
ist eine Gemeinschaft von Freund*innen, die zusammen
den *Dharma* praktizieren, um das eigene Bewusstsein zu
entfalten und zu pflegen.

Die ursprüngliche Definition des Begriffs *Sangha* bezieht
sich auf klösterliche Gemeinschaften ordinierter Mönche
und Nonnen; in vielen buddhistischen Traditionen hat
sich der Begriff jedoch dahingehend weiterentwickelt,
dass er nun die breitere spirituelle Community umfasst.
Für uns ist unsere *Sangha* die Gemeinschaft der Praxis
des *Dharma* und der Genesung.

Wir sind dezentral organisiert und haben keine offiziellen
Leiter*innen. Die einzige Regel ist, dass die Treffen ein
offener, sicherer und zugänglicher Raum sein sollen,
in dem die Grundprinzipien der Achtsamkeit, des Mitgefühls, der Versöhnlichkeit und der Großzügigkeit ge-
wahrt werden. Alle weiteren Empfehlungen in diesem
Kapitel entstammen der kollektiven Erfahrung hunderter
lokaler Gruppen und sind daher eher als Leitfaden denn
als verbindliche Anweisung zu verstehen.

Das Wesen einer *Sangha* umfasst die Qualitäten von Bewusstsein, Verständnis, Akzeptanz, Harmonie, Integrität und Güte. Unsere Genesung beginnt, sobald wir lernen, der gegenwärtigen Erfahrung unsere vollständige Aufmerksamkeit zu schenken und den Moment zu ergründen. In der *Sangha* lernen wir erstmals, präsent zu sein – wir können aufhören, unser unstillbares Verlangen zu befriedigen und ein Verständnis unserer Gedanken, Gefühle, Sinneserfahrungen und Handlungen entwickeln, die stets auch Einfluss auf andere Menschen haben.

Dieses Verständnis ist gänzlich beziehungsorientiert. Unser Handeln wirkt sich nicht nur auf unser eigenes Leben aus, sondern auch auf das der Menschen in unserem Umfeld. Einige von uns haben das bereits auf einschneidende Weise erfahren, da sie ihren Nächsten während der aktiven Sucht Schaden zugefügt haben. Ein zentraler Bestandteil unserer Genesung ist deshalb die Wiedergutmachung gegenüber denjenigen, die wir verletzt haben – uns selbst eingeschlossen. Wie wir bereits erfahren haben, gehört zu unserer Genesung die *rechte Absicht*, bereits zugefügtes Leiden zu heilen und durch *rechtes Handeln* die Entstehung selbigen Leidens zukünftig zu verhindern.

Die *Sangha* bietet uns zudem die Möglichkeit, einen wesentlichen Bestandteil unserer Genesung zu praktizieren: das Erinnern. Wenn wir unsere Erinnerungen als heilsame Reflexion nutzen, bringen wir damit nicht nur unsere eigene Genesung voran, sondern stärken auch unsere Praxis des Mitgefühls, der liebevollen Güte, der Großzügigkeit und der Versöhnlichkeit. Diese Erfahrungen mit anderen zu teilen, die ebenfalls mit Suchtverhalten zu kämpfen haben, hilft uns dabei, Vertrauen in die eigene

Fähigkeit zu gewinnen, zu unserer wahren Natur – und damit zum Potenzial des Erwachens – zurückzufinden.

Die *Sangha* erweitert unsere Perspektive und gibt uns das nötige Selbstvertrauen, um die Höhen und Tiefen der Genesung zu reflektieren, ohne dabei entmutigt zu werden oder die Hoffnung zu verlieren. Wenn wir gemeinsam mit unseren weisen Freund*innen praktizieren, können wir auf einen ehrlichen Umgang untereinander vertrauen, selbst wenn wir unsere guten Absichten aus den Augen verlieren sollten. So können wir schließlich auch mit uns selbst ehrlich sein.

Die Lehren des *Buddha* machen wieder und wieder deutlich, dass wir all dies nicht einfach so allein tun können. Unser Genesungsprogramm betont daher – wie viele andere auch – die Wichtigkeit, zu Meetings zu gehen und mit anderen Genesenden zusammenzuarbeiten. Viele sträuben sich davor – und das nicht ohne Grund: Manche Treffen sind langweilig; manche verlangen von uns den Glauben an bestimmte Dinge, von denen wir nicht überzeugt sind; manche sind deprimierend, einschüchternd oder aus anderen Gründen nicht leicht zugänglich.

Jedoch finden viele von uns erst mit der Unterstützung anderer einen Weg aus dem Leiden und der Isolation, die unsere Sucht mit sich bringt. Dadurch, dass wir selbst anderen dienen, entkommen wir auch unseren Gedankenspiralen und erleben eine nachhaltigere und heilsamere Freude, als uns unsere Süchte geben konnten.

Außerdem lässt sich beobachten, dass unsere Meditationen eine andere Qualität bekommen, wenn wir sie in einer

Gruppe praktizieren. Vor allem zu Beginn kann es leicht passieren, dass man nach ein paar Minuten abschweift oder ganz aufgibt; das gemeinsame Praktizieren hingegen motiviert oft, lang genug dabei zu bleiben, um die positiven Auswirkungen von Meditation zu spüren.

Wenn wir unsere Erfahrungen mit anderen teilen, bemerken wir zudem, dass wir mit unseren Herausforderungen nicht allein sind. Das ist für viele von uns eine wichtige Bestätigung, nachdem wir zuvor jahrelang unter unserer Scham gelitten und uns wie Ausgestoßene gefühlt haben.

Diejenigen von uns, die sich gewohnheitsmäßig isoliert hatten, haben erfahren, dass die gemeinsame Stille bei den Meetings eine Atmosphäre des Vertrauens schafft und behutsam an die Gesellschaft von anderen heranführt. Niemand ist gezwungen, bei einem Meeting zu sprechen oder anderweitig aktiv zu werden. Es steht allen Teilnehmer*innen frei, das Wort an andere weiterzugeben, wenn sie selbst dran sind. Es wird niemals verlangt, an etwas zu glauben oder sich mit irgendetwas zu identifizieren; geschweige denn, Buddhist*in oder ernsthaft Praktizierende*r zu werden. Die Weisheit und Werkzeuge stehen allen zur Verfügung, egal wo auf ihrem Weg sie sich befinden.

Allerdings ist nicht jedes Meeting für jede Person passend. In manchen Gegenden gibt es mehrere verschiedene Meetings; in anderen nur ein einziges oder gar keines. Erfreulicherweise gibt es Online-Meetings, an denen man selbst per Telefon teilnehmen kann. Du kannst natürlich auch Dein eigenes Meeting gründen.

Wie auch immer Du eines findest – Du kannst darauf vertrauen, dass weise Freund*innen und eine *Sangha* dort auf Dich warten.

Isolation und Verbindung

In der Sucht trennen sich viele Menschen von ihren Wurzeln. Viele von uns haben sich durch süchtiges Verhalten von ihren Familien und der Gesellschaft entfremdet. Wir irren mit dem Gefühl umher, uns fehle etwas, weil unsere Süchte die Einsamkeit und die Abgrenzung befeuern. Viele kommen aus zerrütteten Familien und fühlen sich von der Gesellschaft abgelehnt, manche wurden auch durch Inhaftierung oder Institutionalisierung von der Gesellschaft ausgegrenzt. Nicht alle haben Entfremdung in diesem Ausmaß erfahren; als Süchtige neigen wir jedoch dazu, am Rande der Gesellschaft zu leben und dabei stets auf der Suche nach einem Zuhause und dem Gefühl der Zugehörigkeit zu sein.

Eine Gemeinschaft von Praktizierenden – eine *Sangha* – kann jemandem, der sich von der Gesellschaft entfremdet hat, eine zweite Chance geben oder einfach nur ein heilsamer Ort sein, an dem wir in unserer Ganzheit existieren und auch das einbringen können, was wir normalerweise nicht mit anderen teilen. In einer Gemeinschaft von Praktizierenden, die in einer freundlichen und einladenden Atmosphäre stattfindet, finden wir oft Unterstützung für unsere eigene Praxis und Genesung. Mit unseren Süchten haben wir Selbstmedikation betrieben oder versucht, mit Trennungsschmerz umzugehen. Der Trost war jedoch immer nur von kurzer Dauer und führte oft dazu, dass wir uns hinterher noch einsamer und isolierter fühlten als zuvor. Dennoch haben wir immer wieder auf diese Verhaltensweisen zurückgegriffen. Für viele von uns stellten sie die einzige Möglichkeit dar, den Schmerz zu lindern. Selbst wenn uns während der Abstinenz wohlgesinnte Menschen gut gemeinte Hilfe zur Überwindung unserer Sucht anbieten, wollen wir, womöglich aus Gewohnheit, lieber für uns bleiben. Diese eingeschliffenen Verhaltensweisen haben wir oftmals gemeinsam.

Obwohl der Konsum von Substanzen für viele den Hauptausweg aus ihren Problemen darstellte, gab es daneben auch noch andere Fallen: Sex, Essen, Selbstverletzung, soziale Medien, um nur ein paar zu benennen. Bei unseren Bemühungen, Hilfe bei diesen Suchtverhalten zu bekommen, mussten wir aber mitunter die Erfahrung machen, dass sie von anderen Menschen heruntergespielt oder bagatellisiert werden – vor allem im Vergleich zum Drogen- oder Alkoholmissbrauch. Diejenigen unter uns, deren primäre Süchte sich hauptsächlich um Verhaltensweisen und Prozesse drehten, haben sich dadurch womöglich abermals entfremdet und sogar von der Genesung ausgeschlossen gefühlt.

Nachdem wir uns von unseren Fluchtmethoden losgelöst hatten, fühlten wir uns oftmals der nackten Realität ausgeliefert. Und manchmal war der letzte Ort, an dem wir sein wollten, ein Raum mit Fremden, die sich alle in einem Stuhlkreis gegenübersitzen und darüber sprechen, dass sie nicht mehr trinken, Drogen nehmen oder andere destruktive Verhaltensweisen ausüben können. Das Paradoxe daran ist jedoch, dass wir genau in einem solchen Raum, in dem wir so akzeptiert werden, wie wir sind, endlich beginnen können, unseren «Versteckens-Reflex» loszulassen.

Vielen von uns ist die Fähigkeit abhanden gekommen, neue Beziehungen ohne die sozialen Schmiermittel, die Alkohol oder andere Drogen für sie darstellten, zu knüpfen – sofern diese Fähigkeit überhaupt jemals vorhanden war. Vielleicht, weil wir schon früh mit Ablehnung, Traumata oder Verlusten zu kämpfen hatten und aus Angst den Kontakt zu anderen vermieden haben. Oder vielleicht, weil wir uns von Geburt an anders als alle anderen fühlten, oder weil wir in einem kleinen Ort oder einer großen Familie aufgewachsen sind und es satt hatten, dass sich Leute in unsere Angelegenheiten einmischten. Worin auch immer die Gründe für unsere Isolation lagen, irgendwann gelangten wir an einen Punkt, an dem sie uns nicht mehr weiterbrachte. Die Substanzen und Prozesse, mit denen wir uns schützen wollten, fingen stattdessen an, uns und anderen zu schaden. Um ein Gefühl von Sicherheit zu wahren, haben wir andere von uns ferngehalten und sind dadurch nur noch mehr vereinsamt.

Einige von uns haben sich aus gutem Grund die Fähigkeit angeeignet, sich zu isolieren. Menschen, die wir liebten und denen wir vertrauten, haben uns auf schreckliche Weise verletzt. Wir lebten in Gemeinschaften und Familien, in denen wir uns permanent unsicher fühlten und es unter Umständen schmerzhaft bezahlen mussten, jemandem zu stark zu vertrauen. Auf dem Weg der Genesung treffen wir schließlich die beängstigende, schwierige und mutige Entscheidung, es trotzdem noch einmal zu versuchen.

Alle Menschen sind von Geburt an dazu veranlagt, engen menschlichen Kontakt zu suchen. Wenn uns dieser Kontakt vorenthalten wird und wir letztendlich sogar die Fähigkeit verlieren, ihn zuzulassen, leiden wir und werden anfällig für Cravings und Suchtverhalten. Die Achtsamkeitstechniken und Erkenntnisse, die der Buddha lehrte, sind der Schlüssel zur Wiedererlangung dieser Fähigkeit. Indes müssen wir das keineswegs alleine schaffen. Tatsächlich ist es ein wesentlicher Bestandteil der Lehren, Menschen um uns zu haben, die uns auf dem Pfad unterstützen. Somit sind die Lösung und der Weg zur Lösung letztendlich ein und dasselbe.

Viele von uns verstehen sich als ewige Außenseiter. Wir haben – oft zu Recht – das Gefühl, dass wir von Schulen, religiösen Institutionen, der Regierung und häufig auch von unseren eigenen Familien im Stich gelassen wurden. Infolgedessen misstrauen wir Organisationen und Gruppen und mitunter sogar der bloßen Idee von Zugehörigkeit. Der Double-Bind dabei ist, dass wir, indem wir niemanden an uns heranlassen, die Möglichkeit, jemals dazuzugehören, von Vornherein ausschließen.

Der Buddha lehrte, dass nichts und niemand für sich allein existiert:

> *«Wenn dies ist, ist jenes; wenn dies entsteht, entsteht jenes. Wenn dies nicht ist, ist jenes nicht; wenn dies aufhört, hört jenes auf.»*[7]

Wir sind mit anderen Menschen verbunden durch die Art und Weise, wie wir miteinander umgehen; durch die Luft, die wir zusammen atmen; durch unsere gemeinsame

---

7 Prinzip des bedingten Entstehens (Pratītyasamutpāda); Arahat Bhikkhunis (palikanon.com).

Existenz als Teil der Natur. Der Versuch, diese Verbindung zu ignorieren oder ihr zu widerstehen, bedeutet im Grunde, etwas bereits Bestehendes zu zerstören.

Das heißt nicht, dass unser Leben und unsere Existenz buchstäblich von anderen abhängig sind, sondern dass die Existenz aller Menschen und Dinge erst durch den Bezug zu externen Gegebenheiten entsteht: die Nahrung, die ein Mensch zu sich nimmt; die Umgebung, in der er lebt; die Geschichte und die Umstände seiner Außenwelt. Jeder von uns ist Teil eines einzigen großen Geflecht des Seins, ohne etwas dafür tun zu müssen. Sowie wir uns dieser Verbindung bewusst werden, können wir auch bedeutsame und positive Beziehungen zu anderen aufbauen. Jedem von uns steht es frei, zu entscheiden, wie wir mit der Wahrheit unserer Verbundenheit umgehen wollen.

Sangha bedeutet im weitesten Sinne, dass wir bereit sind, andere Menschen hereinzulassen und ihnen Bedeutung zuzuschreiben. Um das zu ermöglichen, müssen wir empfänglich dafür sein, dass andere Menschen *uns* hereinlassen. Wenn wir auch nur die Möglichkeit in Betracht ziehen, dies zuzulassen, kommen wir dem Potenzial zur Befreiung ein Stückchen näher. Und die positiven Auswirkungen sind beinahe sofort zu spüren.

Wir alle haben im Laufe unseres Lebens Erfahrungen gemacht, die uns an unserer eigenen «Stimme» oder an dem Wert oder der Weisheit dessen, diese Stimme zum Ausdruck zu bringen, zweifeln ließen. Diese Zweifel trugen häufig zu dem Leiden bei, das wir während unserer Sucht erfahren haben, und sie machen es uns auch weiterhin schwer, mit unserer eigenen Genesung in Verbindung zu treten.

Unsere Meetings sind als Orte gedacht, an denen wir uns wohl und sicher fühlen sowie authentisch das äußern können, was wir wirklich fühlen und erleben. Viele von uns haben aufgrund früherer Erlebnisse sowohl im sozialen Umfeld als auch in der Community von Genesenden große Schwierigkeiten damit. Oft ringen wir einfach damit, unsere Gefühle und Erfahrungen zu verstehen.

Die *Sangha* ermöglicht es uns, uns selbst eine authentische Stimme zu verleihen, diese zum Ausdruck zu bringen und – in der Gewissheit, gehört zu werden – wertzuschätzen. Deine *Recovery Sangha* kann dabei Ermutigung und Unterstützung bieten.

Nach der buddhistischen Tradition müssen wir diese Arbeit nicht alleine bewerkstelligen, sondern *brauchen* sogar die Unterstützung anderer auf dem Pfad zum Erwachen. Eine bekannte Geschichte handelt davon, dass der Buddha Besuch von seinem Cousin und Assistent Anando bekam:

«Zur Seite sitzend, sprach nun der Ehrwürdige Anando zum Erhabenen also: ‹Die Hälfte des Brahma-Wandels [spirituelles Leben, Anm. d. Verf.]*, o Herr, ist dieses, nämlich Freundschaft mit Guten, Gemeinschaft mit Guten, Vertrautsein mit Guten›. ‹Sage das nicht, Anando,[...]: ist es ja doch der ganze Brahma-Wandel, nämlich Freundschaft mit Guten, Gemeinschaft mit Guten, Vertrautsein mit Guten.›»*[8]

Wenn wir zusammenkommen, um ehrlich über uns selbst und unser Leben zu sprechen, kann etwas sehr Kraft-

---

8 Samyutta Nikaya 45.2 (palikanon.com).

volles entstehen. Sobald wir uns mit Menschen umgeben, die sich ihrem wahren Wesen – mit all ihren Unvollkommenheiten und ihrer Sehnsucht nach Freiheit – verschreiben, beginnen sich unsere Herzen ganz von selbst zu öffnen. Die Authentizität der anderen erlaubt es uns, selbst authentischer zu sein. Indem sie ihre Verletzlichkeit zeigen, schenken uns unsere weisen, bewundernswerten Freund*innen die Freiheit, selbst auch verletzlich zu sein und unsere eigenen Wahrheiten auszusprechen. So wird unsere *Sangha* zu einem Ort, an dem wir unterstützt und ermutigt werden, auf dem Pfad zu bleiben, selbst wenn es schwierig wird oder unser Fortschritt ins Stocken gerät. Unsere weisen Freund*innen lassen uns im Stillen wissen, dass auch sie weitermachen werden, solange wir es tun. Und genau das macht oft den entscheidenden Unterschied.

Zusammenarbeit mit anderen

Vielen von uns, die noch am Anfang ihrer Genesung stehen, ist es nahezu unmöglich, um Hilfe zu bitten. So schwierig es auch sein mag, kann uns das jedoch im wahrsten Sinne des Wortes das Leben retten. Mit etwas Übung wird es zudem immer einfacher.

Nicht nur wegen der besseren Aussicht auf Erfolg ist es wichtig, um Hilfe zu bitten. Manchmal stellt sich dieser auch gar nicht ein. Selbst mit viel Hilfe und Unterstützung können sich uns Dinge in den Weg stellen. Mitunter ist das, was wir von der Welt und von uns selbst wollen, einfach mehr als das, was gerade möglich ist. Aber auch wenn wir nicht immer das bekommen, was wir uns erhoffen, wenn wir um Hilfe bitten, hilft es uns dennoch, schwierige Zeiten durchzustehen. Wenn wir uns darin üben, die

Hilfsangebote anderer Menschen anzunehmen, werden wir ein Stück weit offener und weniger festgefahren. Die Entscheidung, um Hilfe zu bitten, kann uns – ebenso wie die Antwort darauf – das geben, was wir zum Weiterkommen brauchen.

Trotzdem ist diese Entscheidung mitunter ein schwerer Schritt für uns. Viele von uns haben während der aktiven Sucht Dinge getan, auf die wir alles andere als stolz sind. Einige der Entscheidungen aus unserer Vergangenheit haben weitreichende Folgen, die sich auch nach dem Beginn unserer Genesung noch auf unser Leben auswirken. Womöglich haben wir uns hinter einer Maske des Könnens, der Furchtlosigkeit oder der Schuldlosigkeit versteckt. Die Angst davor, was passieren könnte, wenn wir die Maske abnehmen, hält uns davon ab, unsere Hand auszustrecken. Wir haben vielleicht Angst, dass wir die Menschen in unserem Leben verlieren, wenn wir sie um Hilfe bei finanziellen Problemen, rechtlichen Schwierigkeiten oder anderen Angelegenheiten bitten. Wir machen uns vielleicht Sorgen, dass sie uns, wenn die Maske weg ist, nicht mehr respektieren oder akzeptieren, da wir befürchten, dass wir dann als gebrochen oder grundlegend fehlerhaft entlarvt werden. Wir haben vielleicht sogar Angst, dass einfach *nichts* hinter der Maske steckt – dass wir dahinter einfach leer sind.

Wir praktizieren Mitgefühl für alle Wesen, auch für uns selbst, um die Wahrheit hinter diesen Ängsten zu erkennen: In jedem von uns schlägt ein liebevolles und liebenswertes Herz. Es wird deutlich, dass die Menschen um uns herum mehr Schmerz empfinden, wenn sie mitbekommen, wie wir uns allein abmühen, als wenn wir sie an unserem Leben teilhaben ließen. Wenn wir andere also ausschließen und uns weigern, sie an unseren Anstrengungen teilhaben zu lassen, verursachen wir oft genau den Verlust und die Isolation, die wir eigentlich vermeiden wollten. Angesichts unseres eigenen Leidens und dem Schmerz, den wir so unseren Nächsten zufügen, können wir also erkennen, dass es ganz und gar nicht egoistisch ist, um Hilfe zu bitten. Vielmehr ist es ein Akt von großem Mitgefühl für uns selbst und andere.

Diejenigen, die den Schmerz der Sucht und der Isolation teilen, verstehen die Angst und die Scham besser, als wir es uns vorstellen können. Wenn wir bei den Meetings zuhören und unsere eigenen Erfahrungen teilen, erkennen wir, dass wir nicht auf einzigartige Weise gebrochen oder mit Fehlern sind. Oftmals ist es einfacher, jemanden um Hilfe zu bitten, der nicht zu unserem direkten Umfeld gehört. Neben den Menschen in Deiner *Sangha* gibt es in Deiner Gemeinschaft vielleicht auch Berater*innen, Therapeut*innen und andere Fachleute, die Dir weiterhelfen können, wenn Du jemanden mit Erfahrung und einem höheren Maß an Objektivität brauchst. Wenn Du es geschafft hast, einen Termin bei einer entsprechenden Beratungsstelle[9] zu vereinbaren, sei Dir gewiss, dass Angst und Zögern davor ganz normal sind und keinen Grund darstellen sollten, die Sitzung abzusagen.

Natürlich wissen wir auf intellektueller Ebene, dass unsere Probleme leichter zu bewältigen sind, wenn wir Hilfe haben – trotzdem können wir auf emotionaler Ebene Angst empfinden. Auch hier ist der Schritt, es zu versuchen,

---

9 Die Angebote können abhängig vom Ort variieren. Erste Kontaktmöglichkeiten sind z. B. Suchtberatungsstellen.

vielleicht sogar wertvoller als das eigentliche Resultat. Wir lernen, dass es gar nicht so beängstigend ist, wie wir gedacht haben, sich auf andere einzulassen und ein wenig verletzlicher zu sein. Wir stellen mitunter fest, dass es weniger furchteinflößend ist als die Vorstellung, unsere Probleme ganz allein bewältigen zu müssen.

Wenn wir das Bitten um Hilfe regelmäßig praktizieren, erfahren wir, dass sich dadurch sowohl die Quantität als auch die Qualität unserer Beziehungen im Allgemeinen verbessern. Selbst wenn Du außerhalb der Meetings keine persönliche Beziehung zu den Menschen in Deiner *Sangha* aufbaust, bemerkst du vielleicht, dass es Dir bei mehr Menschen gelingt, auf einer bedeutsamen Ebene in Verbindung zu treten. Womöglich ist das etwas ganz Neues für Dich. Auch wenn Du die Hilfe eines Geistlichen, einer Therapeut*in oder einer anderen Fachkraft in Anspruch nimmst, achte darauf, wie sehr es sich auf Dein Vertrauen dieser Person gegenüber auswirkt, wenn Du Dich ihr gegenüber öffnest. Vertiefen sich der Respekt und das Gefühl der Sicherheit, wenn es Dir gelingt, offener zu sein? Dieses Vertrauen und diese Sicherheit können sich positiv auf Deine anderen persönlichen Beziehungen auswirken. Versuche, diese Veränderungen wahrzunehmen und wertschätze Dich selbst, wenn Du diese schwierigen Schritte gehst.

Es ist ganz normal, sich Sorgen zu machen, wenn Du Deine Probleme mit anderen teilst. Möglicherweise denkst Du, dass Du anderen Deine Lasten aufbürdest; dass sie auf Dich herabsehen oder verärgert sein könnten. Obwohl wir uns eingestehen müssen, dass dies durchaus passieren kann, sind wir uns auch bewusst, dass die Isolation ein viel größeres Risiko für uns selbst und für andere darstellt.

Im Allgemeinen ist an dem Klischee, dass geteiltes Leid halbes Leid ist, viel Wahres dran. Die meisten von uns fühlten sich nach der Entscheidung, fortan mit ihren Problemen nicht mehr allein zu sein, als sei eine enorme Last von den Schultern genommen worden. Wenn wir diese Erleichterung erfahren, fällt es uns in der Folge immer leichter, um Hilfe zu bitten.

Tatsächlich finden viele von uns zu Beginn der Genesung nicht sofort leichten Zugang zur inneren Weisheit. Wir hatten uns bislang auf Angst, Scham und Reaktivität als unsere vermeintlichen Orientierungshilfen verlassen. Es braucht Zeit, die Schleier zu lüften und Schutzschichten zu durchdringen; um alte Gewohnheiten zu durchbrechen und wieder den Durchblick zu bekommen. Oft braucht es Zeit, bis wir uns selbst wieder vertrauen können. Aber wir können uns an unsere *Sangha* wenden, an unsere Gemeinschaft weiser Freund*innen auf dem Pfad, um Hilfe und Weisheit zu erhalten. Wenn wir nicht mehr weiter wissen; wenn wir den Glauben daran verlieren, dass wir es schaffen, das Craving zu überwinden; wenn wir uns in der Sucht verlieren und unseren eigenen Verstand und unser Herz nicht verstehen können; wenn sich die Welt anfühlt wie auf den Kopf gestellt; wenn wir vor Unbehagen aus unserer Haut kriechen wollen; wenn wir keine Ahnung haben, was der nächste weise Schritt ist – dann können und müssen wir unsere *Sangha* um Hilfe bitten. Denn die Menschen darin haben durchgemacht, was wir durchgemacht haben. Sie haben es ans andere Ufer geschafft – und sie können uns zeigen, wie.

Weise Freund*innen und Mentor*innen

Viele – wenn nicht sogar die meisten – Recovery Dharma-Meetings konzentrieren sich auf gemeinsames Meditieren, das Lesen von Literatur bzw. die Auseinandersetzung mit bestimmten Themen sowie den Austausch untereinander. Die Teilnahme an den Meetings ist eine gute Möglichkeit für Newcomer, das Programm kennenzulernen. Hierfür gibt es außer achtvoller Neugier keine besonderen Voraussetzungen. Mitunter wünschen sich diejenigen, die sich für dieses Genesungsprogramm entschieden haben, mehr Unterstützung auf ihrem Pfad. An dieser Stelle kommt der Gedanke von «weisen Freund*innen» oder «Mentor*innen» ins Spiel.

Der *Buddha* sprach von vier Arten von Freund*innen: hilfreiche Freund*innen; Freund*innen, die in guten und schlechten Zeiten zu einem halten; mitfühlende Freund*innen und Mentor*innen. Eine **weise Freund*in** unterstützt uns durch Beispielhaftigkeit, Güte und Mitgefühl. Das kann jede Person in der Sangha sein, der wir vertrauen, die uns als Lehrer*in, Unterstützer*in, Partner*in oder einfach als Mitreisende*r auf unserem Pfad begleitet. Obwohl diese Beziehung viele verschiedene Formen annehmen kann, baut sie stets auf Ehrlichkeit, Mitgefühl, gesunden Grenzen und der gemeinsamen Absicht auf, die Genesung des jeweils anderen zu unterstützen.

Für einige von uns, vor allem für Newcomer, ist es hilfreich, mit einer **Mentor*in** zusammenzuarbeiten: einer weisen Freund*in, die das Programm schon eine Weile verfolgt, die uns unterstützt; an die wir uns wenden können, wenn es schwierig wird, und die uns helfen kann,

Verantwortung zu übernehmen. Dabei handelt es sich keineswegs um ein offizielle Rolle: Niemand ist «zertifiziert» oder «autorisiert», eine Mentor*in zu sein. Es sind einfach nur Menschen aus der Community, die ihre Reise durch die *vier Wahrheiten* und den *achtfachen Pfad* offen mit anderen teilen. Jeder kann für sich selbst entscheiden, ob er auf seinem Pfad mit jemandem zusammenarbeiten möchte. Klar sollte jedoch sein, dass letztlich jeder die Arbeit zur eigenen Genesung selbst erbringen muss. Eine klare Kommunikation über die Erwartungen *beider* Seiten ist wichtig – es gibt keine strikten Regeln; aber wenn Du gebeten wirst, jemandem so zu helfen, ist es ratsam, hierfür ebenfalls jemanden mit Erfahrung an Deiner Seite zu haben. Es wird auch dringend empfohlen, dass Du dich, zumindest im Rahmen dieser Mentor*innen-Beziehung, zu den *fünf Silas* verpflichtest.

Viele Menschen bilden zusätzlich zu den regelmäßigen Meetings Lern- oder Übungsgruppen, um auf ihrem Genesungs-Pfad Hilfe von weisen Freund*innen zu bekommen und zu geben. Manche nennen diese Gruppen *kalyana mitta* – der Pāli-Begriff für weise oder bewundernswerte Freund*innen. Andere nennen sie «Dharma-Buddies». Wie auch immer man sie bezeichnet, die Menschen kommen dort zusammen, um in einer kleineren Gruppe bestimmte Aspekte des Pfades zu ergründen, wie z.B. längere Meditationen zu praktizieren, buddhistische Texte zu studieren oder aufgezeichnete Dharma-Vorträge zu hören. Es gibt nicht die *eine* Art und Weise, solche Gruppen zu leiten und es ist zudem keine besondere Erfahrung notwendig, um eine zu gründen. Du kannst es einfach ausprobieren und dabei auch die Erfahrungen etablierter Gruppen als Anregung nutzen.

Manche Gruppen haben sich gebildet, um sich gegenseitig beim Aufschreiben der Bestandsaufnahme und Untersuchung, wie ihr Suchtverhalten zu ihrem Leiden geführt hat, zu unterstützen. Dabei handelt es sich um eine wirkungsvolle Technik zur Selbsterkenntnis und Befreiung. Wie bei den meisten Methoden in diesem Programm gibt es nicht die eine, «richtige» Art und Weise, sie anzuwenden. Manche gehen es genauso an wie die Inventuren in «Zwölf-Schritte»-Programmen und manche nicht. Ziel soll nicht sein, Scham auszulösen oder auf vergangenen Traumata herumzureiten, sondern sich dem Schmerz und der Verwirrung zuzuwenden, vor denen wir weggelaufen sind, und zu lernen, ihnen mit Güte, Versöhnlichkeit und Mitgefühl zu begegnen. Du kannst die Fragen zur Bestandsaufnahme in diesem Buch als Ausgangspunkt für Deine eigene Ergründung verwenden; daneben gibt es auch noch eine Reihe anderer schriftlicher Formate.

Wenn Du Hilfe brauchst, sei Dir bewusst, dass Du Teil einer größeren Community von weisen Freund*innen bist: der *Sangha* aus Menschen, die den Buddhismus zur Genesung nutzen. Es wird dringend empfohlen, dass es mindestens eine Person in der Gruppe gibt, mit der man sich über das beste Vorgehen und die eigene Sicherheit austauschen kann. Vor allem wenn wir in schwierige Aspekte unserer Vergangenheit eintauchen, erfordert die Aufrechterhaltung des geschützten Raums Weisheit und Mitgefühl von allen Teilnehmer*innen.

Zu jeder Zeit, sowohl in der Gemeinschaft als auch in anderen Aspekten unseres Lebens, sollte uns bewusst sein, dass wir im Zweifelsfall uns immer gewahr werden und gutmütig sein können.

Dienen und Großzügigkeit

Die verschiedenen buddhistischen Strömungen führen leicht unterschiedliche Stärken oder Eigenschaften an, die einen Menschen zur Erleuchtung führen. An erster Stelle steht jedoch immer *dāna* (Großzügigkeit). Wir denken bei Großzügigkeit oft an Geld und viele Gruppen verwenden diesen Begriff in der Tat für die Spenden der Teilnehmer*innen, mit denen ein Meeting finanziell unterstützt wird. In der buddhistischen Tradition ist *dāna* jedoch *jeder* Akt des Gebens, für den keine Gegenleistung erwartet wird – nicht nur Geld, sondern auch Essen, Zeit oder Aufmerksamkeit. Vielleicht bist Du ja bereits damit vertraut, dass viele Genesungsprogramme besonderen Wert auf das «Dienen» legen, was genau dieser alten Lehre entspricht. Der Wert dieser Praxis war über die Jahrhunderte hinweg stets ein zentrales Element vieler Religionen und Philosophien.

Großzügig mit unserer Zeit, Energie und Aufmerksamkeit umzugehen ist nicht nur für unsere Wegbegleiter*innen von Nutzen. Großzügiger zu werden hilft uns auch, die Klammer von Gier und Anhaftung zu lockern, die so viel von unserem eigenen Leiden verursacht hat. Bereits vom ersten Mal an können wir, wenn wir achtsam ein bisschen Geld in die Spendenbox legen oder uns nach einem Meeting einem Newcomer vorstellen, den Wert davon spüren, großzügig zu sein, ohne Dank zu erwarten. In unserer Meditationspraxis lernen wir durch direkte Erfahrung, dass unser Körper und unser Vermögen vergänglich sind; diese Einsicht macht uns sodann eher bereit, damit Gutes zu tun, solange wir sie noch haben. Unsere Erfahrungen bei einem Meeting zu teilen oder auch nur mit anderen zu meditieren und ihnen stille Ermutigung und Unterstützung zu geben, ist ein Akt der Güte, der sowohl uns selbst als auch unserer *Sangha* zugutekommt.

Viele von uns haben sich über die Jahre hinweg angewöhnt, auf der Hut zu sein, ob sie womöglich «ausgenutzt» oder «abgezockt» werden. In einigen Fällen war dies sicherlich gerechtfertigt, und es wird auch weiterhin vorkommen, dass wir gesunde Grenzen ziehen und aufrechterhalten müssen. Mit der Vertiefung unserer Praxis können wir dies jedoch mit einer zunehmend differenzierten und mitfühlenden Haltung angehen. In den buddhistischen Lehren ist Großzügigkeit kein Gebot, kein «Du solltest» und auch kein unrealistischer Standard, an dem sich die Menschen vergeblich messen sollen. Sie ist vielmehr eine Beschreibung unseres wahren Wesens, der offenen und gütigen Herzen, die schon immer in uns wohnten, allerdings so lange verdeckt waren, dass wir sie schon fast aus den Augen verloren hatten. Die Praxis hilft uns, zu diesem ursprünglichen Wesen zurückzufinden.

Indem wir versuchen, in den Meetings sowie im Leben großzügiger zu sein, lernen wir, unserer innewohnenden Güte zu vertrauen und bauen die Zuversicht auf, dass wir anderen etwas von uns geben und uns trotzdem sicher fühlen können. Wir erproben fortlaufend, was wir für unsere Grenzen erachten, und gewinnen an Selbstwertgefühl, Selbstachtung und Wohlbefinden, wenn wir diese Grenzen als das erkennen, was sie sind: Abwehrstrategien, die vielleicht einmal notwendig waren, indes jedoch zu Fesseln der Gewohnheit geworden sind. Die innere Stimme der Anhaftung mag uns sagen: *«Ich will mein hart verdientes Geld nicht in diese Schale werfen.»* oder *«Ich erbringe jetzt diesen Dienst, aber ich werde damit wieder aufhören, falls mir nicht genug Wertschätzung entgegengebracht wird.»*

Wenn wir uns in Großzügigkeit üben, erkennen wir, wie durchschaubar diese Ängste sind; wie klein sie uns gehalten haben. Wir stellen fest, dass es bei dieser Praxis eigentlich darum geht, mehr Raum in unserem Herzen und unserem Geist zu schaffen. Wenn wir unsere Grenzen erkennen und uns erlauben, über sie hinauszugehen, wird unser Herz-Geist[10] umfassender, geräumiger und bedachter. Das schenkt uns Glücksgefühle und Selbstachtung und verleiht unserer Praxis mehr Kraft und Flexibilität, um die Umstände unseres Lebens und unserer Genesung zu reflektieren.

Wir erkennen den Wert einer solchen Praxis, wenn wir an das Gegenteil dieser Offenheit denken; an Zeiten, in denen unser Verstand und unser Herz verschlossen und abweisend waren. Wir fühlten uns gereizt und unruhig und konnten uns für gewöhnlich selbst nicht besonders gut leiden. In diesem Zustand standen uns nur sehr wenige Ressourcen zur Verfügung, um mit Unbehagen oder Verwirrung umzugehen. Selbst kleine Rückschläge brachten uns häufig aus dem Gleichgewicht. Schmerzhafte oder schwierige Erfahrungen überwältigten uns oft und ließen uns in die vorübergehende Erleichterung durch Substanzen oder Verhaltensweisen flüchten.
Sowie wir vertrauter mit einem großzügigen, offenen Herzen werden, erfahren wir mehr Ausgeglichenheit und Leichtigkeit. Wenn etwas Unangenehmes aufkommt,

---

10 Der ursprüngliche Zen-Begriff 心 [xīn] beschreibt die Einheit von Herz und Geist ohne Unterscheidung zwischen Fühlen und Denken.

müssen wir nicht befürchten, dass es uns erdrückt oder überwältigt. Wir haben eine Zuflucht, auf die wir uns in schwierigen Zeiten zunehmend verlassen können. Wenn wir etwas Angenehmes erfahren, klammern wir uns nicht mehr so verzweifelt daran, weil wir es nicht zwangsläufig brauchen, um uns gut zu fühlen.

Wir praktizieren Großzügigkeit auch, um anderen zu dienen, um allen Wesen Heilung und Glück zu bringen und um zu versuchen, das Leiden in dieser Welt ein Stück weit zu verringern. Wenn wir kontinuierlich mit Großzügigkeit arbeiten, lernen wir, dass die innere Praxis des Erkennens der Leerheit unserer Anhaftungen und des Aufbaus von Belastbarkeit das Gleiche ist wie die äußere Praxis des Gebens und Dienens.

6

Genesung ist möglich

In diesem Buch werden ein Pfad, eine Reihe von Prinzipien und Praktiken dargelegt, die zum Ende unseres Leidens führen können und uns über das Leid hinweghelfen können, das wir uns durch unsere Süchte aufgeladen haben. Dieser Pfad basiert darauf, *Achtsamkeit* für unsere Gefühle, unseren Körper, unseren Geist und unsere Erfahrungen zu erlangen und zu bewahren. Auf unserer Reise lernen wir zu akzeptieren, dass wir für unsere eigenen Handlungen verantwortlich sind und dass jede Entscheidung eine Konsequenz hat. Wenn wir unheilsam oder gedankenlos handeln, erfahren wir Schmerz in unseren eigenen Gefühlen, Gedanken und Erfahrungen (*Karma*) – und wir können anderen Schaden zufügen. Wir beginnen zu erkennen, dass jeder Gedanke, jedes Gefühl und jede Erfahrung nur vorübergehend ist *(Vergänglichkeit)*; dass sie vergehen werden, wenn wir es zulassen. Darauf zu vertrauen, kann in Momenten von Cravings oder Schmerz einen sicheren Hafen bieten. Wir beginnen daran zu glauben, dass selbst die schwierigsten, traumatischsten und schmerzhaftesten Handlungen und Ereignisse unserer Vergangenheit nicht bestimmen, wer wir heute sind – auch unsere Zukunftsmöglichkeiten bestimmen sie nicht. Es sind unsere Entscheidungen und Handlungen im *Hier und Jetzt*, die uns bestimmen.

Gleichzeitig können wir beginnen, Erlebnisse wahrzunehmen und darüber nachzudenken, ohne ihnen oder an den Geschichten, die wir uns darüber erzählen, anzuhaften (*Selbstlosigkeit*[11]). Wir akzeptieren, dass wir nie alle unsere Wünsche und Verlangen befriedigen können werden. Wir sehen das in unserem Kämpfen mit der Vergänglichkeit, mit Krankheit und Altern; damit, nicht zu bekommen, was wir wollen, oder zu verlieren, was wir haben; uns nicht von denen geliebt zu fühlen, die wir begehren; uns von denen zurückgewiesen zu fühlen, deren Zuneigung wir am meisten wollen. Manchmal müssen wir mit Menschen und Situationen umgehen, die schmerzhaft oder unangenehm sind (*Unzulänglichkeit*).

Aber mit klarem Verständnis können wir anfangen, angemessenere Handlungen und Antworten auf unser Erleben zu finden. In dieser Wahl liegt unsere Freiheit sowie die Befreiung vom Leiden. Wenn wir bei jeder Entscheidung, selbst bei der kleinsten, mit vollem Gewahrsein handeln, können wir beginnen, die Beweggründe hinter unserem gesamten Tun zu erkennen. Wir können beginnen uns zu fragen:

«*Ist diese Handlung nützlich oder nicht? Ist sie heilsam oder unheilsam?*»

Wann immer wir verwirrt sind oder uns verloren fühlen, haben wir die Hilfsmittel der Meditation, die wir nutzen können, um einfach in den gegenwärtigen Moment zurückzukehren; zu unserer Erfahrung der Gegenwart, wie sie für uns *jetzt gerade* ist. Wir können uns auch an unsere Sangha – unsere weisen Freund*innen – wenden, um Perspektive und mitfühlende Unterstützung zu erhalten.

---

11 Sog. anattā (Pali): Im buddhistischen Sinne ist hierunter aber nicht etwa das Fehlen eines "Selbst" zu verstehen, sondern die Nicht-Anhaftung daran.

Was gewinnen wir also, wenn wir uns in Verständnis, ethischem Verhalten und Achtsamkeit üben? Wir lernen, mit Unbehagen zu leben, dieses ohne Angst oder Widerstand zu erleben – in dem Wissen, dass es vergänglich ist. Wir lernen, dass *dukkha* Teil des menschlichen Daseins ist und dass Bemühungen, es zu vermeiden oder zu leugnen, zu mehr Unglück und Leiden führen. Wir haben gelernt, dass wir unsere Begierden niemals durch Sinneserfahrungen befriedigen können, indem wir Vergnügen nachjagen und versuchen, es festzuhalten. Jede angenehme Sinneserfahrung wird vergehen, und je mehr wir versuchen, daran festzuhalten und Verlangen in Bedürfnis oder Begierde zu verwandeln, desto mehr *dukkha* erleiden wir. Wir machen uns bewusst, dass Unzufriedenheit und Unglücklichsein einen Anfang haben. Indem wir diese bis zu ihrer Wurzel zurückverfolgen, können wir sie aus dem Geist verbannen.

Wir folgen dem *achtfachen Pfad*, der uns erlaubt, unser Verstehen zu entwickeln. Er lehrt uns den karmischen Vorteil des Mitgefühls, der liebevollen Güte, der wertschätzenden Freude und des Gleichmuts. Wir erlernen die stille Befriedigung, ein ethischeres und achtsameres Leben zu führen.

Was wir erreichen, ist das, was im Buddhismus *sukha* (wahres Glück) genannt wird. Nicht das vorübergehende Vergnügen, das aus einem Rausch oder einer anderen vorübergehenden Sinneserfahrung entsteht, sondern der innere Frieden und das Wohlbefinden, das aus einem ausgeglichenen, achtsamen Leben entsteht. Es ist das Gegenteil des Leidens und der Unbefriedigtheit von *dukkha*. *Sukha* ist Freiheit von Hass, Gier und Verwirrung. Es ist eine umfassende Herangehensweise an das Leben, um in der Lage zu sein, mit Gefühlen des Unbehagens und der Unzufriedenheit zu leben und sich durch diese hindurch zu bewegen. Viele von uns sind lange Zeit vor *dukkha* weggelaufen und haben es verleugnet. Zugang zu authentischem Glück erlangen wir aber nur dann, wenn wir aufhören, davonzulaufen.

Wir können folgendes Mantra nutzen:

Hier bin ich nun.
So sieht es jetzt gerade aus.
Dieser ist ein Moment des Leidens. Möge ich so für mich sorgen, wie ich es in diesem Moment brauche.
Möge ich dies annehmen, ohne zu kämpfen – aber auch ohne aufzugeben.

Wir haben gelernt, dass Achtsamkeit bedeutet, unsere unheilsamen Handlungen und Entscheidungen in der Vergangenheit und Gegenwart zu untersuchen und uns dafür zu entscheiden, in Zukunft mit mehr Weisheit zu handeln. Anstatt uns von Schuld- oder Schamgefühlen gegenüber der Vergangenheit aufhalten zu lassen, können wir sie als Anleitung für andere Entscheidungen in der Gegenwart nutzen. Wenn wir unsere Energie dem Erwachen und der Genesung widmen, lernen wir, unsere Gegenwart und unsere Vergangenheit mit Weisheit zu erforschen, statt mit Verlangen oder Abneigung. Wir werden erleben, wie das Vertrauen in unsere eigene Fähigkeit zur Genesung und unser Recht darauf wächst.

Wenn wir ein klareres Verständnis für unser Handeln, für unsere Entscheidungen und die entsprechenden Konsequenzen erlangen, haben wir die Möglichkeit, *Groß-*

zügigkeit, liebevolle Güte, Versöhnlichkeit und *Gleichmut* zu entwickeln. Diese sind wesentlich für die buddhistische Praxis und unsere Genesung. Weil wir verstehen, dass Festhalten an «meinem» auf der Täuschung beruht, dass wir jenes seien, das wir besitzen oder kontrollieren, lernen wir freiwillig zu geben. Wir lernen, *metta* (liebevolle Güte) gegenüber allen Wesen in der Welt zu praktizieren, ob wir sie kennen oder nicht. Wir begreifen, dass unsere Praxis nicht nur für uns selbst bestimmt ist, sondern auf der Verbundenheit und dem Glück aller Lebewesen beruht. Unsere Genesung verändert die Art und Weise, wie wir für unsere Mitmenschen da sind. Wir können der mitfühlende, großzügige und weise Freund werden, dessen beruhigende Stimme und unerschütterliche Unterstützung anderen helfen kann, ihre eigenen Kämpfe zu verstehen und ihren eigenen Pfad der Genesung zu finden.

Es gibt kein Patentrezept, keine einzelne Handlung oder Praxis, die das Leiden beenden wird. Der Pfad führt durch eine Reihe von Praktiken, die uns helfen, mit dem Leiden umzugehen und weise auf die Herausforderungen unseres eigenen Lebens zu reagieren. Wir können *dukkha* nicht entkommen oder vermeiden, aber wir können beginnen, mehr Frieden zu finden, weil wir wissen, dass es einen Weg nach vorne gibt: einen Pfad mit weniger Leiden, weniger Verlangen, weniger Abneigung, weniger Zerstörung und weniger Scham. Es ist ein Pfad ohne Endpunkt. Er erfordert Anstrengung und Gewahrsein. Und wir müssen ihn nicht allein gehen.

Genesung ist ein lebenslanger Prozess, in dem wir unser wahres Wesen wiederentdecken und einen Pfad zu einem dauerhaften und unschädlichen Glücksgefühl finden. In der Genesung können wir endlich den Frieden finden, nach dem so viele von uns in ihrer Sucht gesucht haben. Wir können unsere Isolation durchbrechen und eine Gemeinschaft weiser Freund*innen finden, die uns auf unserem Weg unterstützen. Wir können in uns selbst ein Zuhause bauen und wir können anderen helfen, das Gleiche zu tun. Das Geschenk, das wir uns selbst, den anderen und der Welt machen, besteht aus Mut, Verständnis, Mitgefühl und Gelassenheit. Jeder von uns macht seine eigenen Erfahrungen mit Wachstum – und zwar in seinem eigenen Tempo. Aber die wichtigste Botschaft dieses Buches ist, dass die Reise, die Heilung, für Dich und für jeden von uns genau jetzt beginnen kann.

Mögest Du Deinen Weg zur Genesung finden.
Mögest Du auf Dein eigenes Potenzial zum Erwachen vertrauen.

Anhang

Meditationen

Jede Meditation beinhaltet eine Kombination aus Achtsamkeit und Konzentration. Achtsamkeit ist der empfängliche Zustand, in dem man den Geist beobachtet und Gedanken und Empfindungen «einfach» wahrnimmt; Konzentration ist die aktive Energie, bei der man sich bewusst auf eine Sache konzentriert, sei es eine sanfte Rückkehr zum Atem oder die Übung des Geistes durch die Wiederholung von Botschaften bzw. Mantras.

Der *Buddha* lehrte vier verschiedene Arten der Meditation: Sitzen, Stehen, Liegen oder Gehen. Du kannst grundsätzlich jede Haltung einnehmen, die Dir zusagt. Achte jedoch darauf, dass Du dich beim Praktizieren in der Gruppe nur so bewegst, dass andere Meditierende nicht gestört oder abgelenkt werden. Es gibt viele verschiedene Praktiken, die Du außerhalb der Meetings erkunden kannst, darunter Achtsamkeitsmeditation, konzentrative Meditation, geführte Meditation, stille Meditation und Bewegungsmeditationen wie Gehen, Yoga, Tai Chi oder Qi Gong.

Meditation kann starke Emotionen hervorrufen; vor allem bei Menschen in den Anfängen der Genesung, mit einer traumatischen Vorgeschichte oder mit gleichzeitig bestehenden psychischen Problemen. Stille Sitzmeditation ist vielleicht nicht immer und für jeden die richtige Praxis. Wenn Du von überwältigenden Emotionen eingeholt wirst, kannst Du Dich während des Praktizierens auf verschiedene Weise «bremsen»: indem Du die Augen öffnest, einige tiefe, langsame Atemzüge nimmst, eine Hand auf Dein Herz oder Deinen Bauch legst, Deine Aufmerksamkeit auf einen beruhigenden Gegenstand richtest oder Dir positive Orte, Aktivitäten oder Erinnerungen vorstellst. Denke daran, gütig und sanft mit Dir selbst zu sein. Es ist immer in Ordnung, während der Meditation auf sich aufzupassen. Es gibt viele verschiedene Traditionen des Buddhismus mit vielen verschiedenen Meditationsstilen. Hier bieten wir eine grundlegende Vorlage an, auf der Du mit den vorgeschlagenen Optionen aufbauen kannst. Meditation ist eine persönliche Praxis, und wir ermutigen Dich, sie mit einem Geist der Offenheit und Neugierde zu erforschen.

Mögest Du in Deiner Praxis Zuflucht und Weisheit finden.

Grundlegende Meditationen

Du kannst die folgende Anleitung verwenden, um Dich selbst oder andere durch eine Meditation zu führen. Am Anfang steht das Gewahrsein des Atems, das auch als alleinstehende Übung verwendet werden kann. Zudem finden sich folgende Erweiterungen, mit denen Du praktizieren kannst:

- *Gewahrsein von Klang,*
- *Gewahrsein von Gefühlstönen,*
- *Gewahrsein von Körperempfindungen oder*
- *Gewahrsein von geistigen Prozessen.*

Lies die nachfolgende Basismeditation bis zum Dharma-chakra-Symbol ✸ und fahre dann mit der von Dir gewählten Meditation fort. Je nach gewünschter Gesamtdauer der Meditation empfiehlt es sich, nach jedem Absatz einige Augenblicke vergehen zu lassen – bei (Stille) sogar bis zu wenige Minuten; hier bietet es sich auch an, die Botschaften zwischendurch erneut laut zu lesen. Zu Beginn und am Ende kann (wenn vorhanden) eine Klangschale geläutet oder ein entsprechender Ton abgespielt werden.

Nimm eine bequeme und dennoch aufmerksame Sitzhaltung ein, bei der Dein Rücken gerade, aber nicht starr oder steif ist. Spüre, wie Dein Kopf auf den Schultern ruht; entspanne Gesicht und Kiefer, und lass Deine Arme und Hände in einer bequemen Position ruhen.

Sei aufmerksam gegenüber dem, was in Deiner eigenen bewussten Wahrnehmung geschieht, genau hier und genau jetzt, ohne zu urteilen.

Während Du sitzt, beginne, die **Empfindungen des Atems** wahrzunehmen.

Achte einen Moment lang darauf, wie sich Dein Bauch bei jedem Ein- und Ausatmen bewegt, wie die Luft durch Deine Nasenlöcher strömt, wie sich Dein Brustkorb und Deine Schultern leicht heben und senken.

Finde die Stelle in Deinem Körper, an der Du den Atem am deutlichsten spürst, sei es im Bauch, in der Brust oder in den Schultern; achte auf das Strömen der Luft durch Deine Nasenlöcher. Achte darauf, wie sehr Du Dir Deines gesamten Atemzyklus bewusst bist. Vielleicht sind das Ein- und das Ausatmen unterschiedlich lang.

(Stille)

Du wirst feststellen, dass sich Deine Aufmerksamkeit von Zeit zu Zeit vom Atem wegbewegt. Es ist völlig normal, in Erinnerungen, Fantasien, Sorgen, zu erledigende Dinge oder sonstige Gedanken abzuschweifen. Wenn Du feststellst, Dass Dein Gewahrsein abgewandert ist, versuche, dieser Tatsache mit Freundlichkeit zu begegnen. Du brauchst nichts dagegen zu tun. Es gibt nichts zu korrigieren. Anstatt etwas zu erzwingen, versuche neugierig darauf zu werden, wie es sich jetzt gerade – in diesem Moment – anfühlt, zu atmen. Du wirst feststellen, dass Deine Aufmerksamkeit ganz von selbst zu den Empfindungen des Atems zurückkehrt, während dieser sich durch Deinen Körper bewegt.

Bleibe aufmerksam, entspannt und vor allem mitfühlend, während Du Dir bewusst machst, wohin sich Deine

Gedanken bewegen. Jedes Mal, wenn Du bemerkst, dass der Geist abgelenkt wurde oder abgeschweift ist, lenke Deine Aufmerksamkeit sanft zurück auf die Empfindungen des Atems. Allein darin liegt ein Moment der Achtsamkeit.

(Stille)

Nimm die Tendenz wahr, Deinen Atem kontrollieren zu wollen. Lass Dein Gewahrsein locker und leicht sein, indem Du schlicht beobachtest und wahrnimmst. Du brauchst die Länge, die Tiefe, das Tempo Deiner Atemzüge oder die Pause dazwischen nicht zu kontrollieren. Sei einfach gewahr.

(Stille)

Während sich diese Meditation dem Ende nähert, erkenne an, dass Du diese Zeit bewusst damit verbracht hast, Dir Deiner Erfahrung von Moment zu Moment gewahr zu werden. Du hast die Fähigkeit weiterentwickelt, Deine Sinne für die Lebendigkeit und den Wandel des gegenwärtigen Augenblicks zu öffnen sowie neugierig und offen für alles zu sein, was in Dir aufkommt, ohne zu urteilen.

Wenn Du bereit bist, öffne nun sanft Deine Augen und bringe Deine Aufmerksamkeit zurück in den Raum, in dem Du Dich befindest.

(Ende)

Gewahrsein von Klang

Vielleicht bemerkst Du **Geräusche,** die von innerhalb oder außerhalb des Raumes, in dem Du dich befindest, kommen. Verkehrsgeräusche, die Bewegung der Mitmenschen im Raum oder etwas anderes, das vor sich geht. Wenn ein Geräusch Deine Aufmerksamkeit erlangt hat, nimm es einfach wahr. Bleibe lang genug dabei, um die Beschaffenheit des Geräuschs zu bemerken – Schwingung, Klang, Lautstärke oder Intensität – und werde Dir bewusst, dass der Verstand es benennen möchte: als Verkehr, als Stimmen, als Lärm, als Musik usw. Versuche, den Klang ohne die Betitelungen zu erleben, die wir ihm aufdrücken. Übe Dich darin, ihn als bloße Schwingung im Trommelfell zu erkennen, als bloßes Hören.

Sobald Du das Geräusch wahrgenommen hast, lass es los und richte Deine Aufmerksamkeit wieder auf den Atem. Lass Deinen Atem den Anker Deines Bewusstseins werden. Jedes Mal, wenn Deine Aufmerksamkeit abschweift, kannst Du einfach sanft zum Atem zurückkehren, ohne zu urteilen.

Gewahrsein von Gefühlstönen

Nimm die Tendenz wahr, eine **Meinung über die Dinge** zu haben – zu mögen oder nicht zu mögen, wie etwas gerade läuft, oder sich manchmal auch neutral zu fühlen. Diese Tendenz kann auch ein Objekt des Gewahrseins werden. Wir können uns darin üben, einfach nur zu bemerken, dass es eine Meinung oder ein Gefühl dazu gibt, wie die Dinge *gerade im Moment* sind.

Wenn Du die Empfindung von Wohlgefallen oder Genuss wahrnimmst, kannst Du Dir im Stillen sagen: «Das ist mein wertender Geist» oder «Hallo, Anhaftung».

Wenn Du die Empfindung des Nicht-Mögens bemerkst, kannst Du Dir ebenfalls sagen: «Das ist mein wertender Geist» oder «Hallo, Abneigung» oder «So fühlt es sich also an, wenn man möchte, dass die Dinge anders sind als sie es sind.»

Wir können lernen, unsere angenehmen und unangenehmen Gefühle gegenüber Gedanken und Erfahrungen zu bemerken, ohne zu urteilen und ohne etwas dagegen unternehmen zu müssen.

Wenn Du dies also bemerkst, bringe Deine Aufmerksamkeit einfach zurück zu den körperlichen Empfindungen des Atems, wo immer Du ihn am deutlichsten spürst. Lass Dich einfach von Deinem gesamten Atemzyklus mitnehmen – einen Atemzug nach dem anderen.

Gewahrsein von Körperempfindungen

Vielleicht bemerkst Du, wie sich Deine Aufmerksamkeit auf **Körperempfindungen** verlagert – Kühle oder Wärme, der Druck Deines Körpers auf dem Stuhl oder Kissen; vielleicht Schmerzen, Unbehagen oder Anspannung. Wenn Du Dir all jener Empfindungen gewahr wirst, achte genau darauf, wo diese sich im Körper befinden. Versuche, sie in ihrer Ganzheit wahrzunehmen, wie Du sie in diesem Moment als tatsächliche körperliche Empfindungen von Druck, Pochen, Wärme, Ziehen oder Kribbeln erleben kannst, ohne sie zu bewerten oder zu benennen. Nimm einfach die Möglichkeit wahr, einen Moment länger bei einer rein erlebten Empfindung zu verweilen, ohne sie als gut oder schlecht, angenehm oder unangenehm zu bewerten. Kannst Du bei der Empfindung bleiben, ohne unbedingt darauf zu reagieren? Sei nur für diesen Moment neugierig: Wie intensiv ist sie? Hat sie eine Textur oder ein Gewicht? Welche Beschaffenheit hat sie? Wie verändert sie sich mit der Zeit?

Wenn Du ein starkes Gefühl körperlichen Unbehagens verspürst, das es Dir schwer macht, Dich auf den Atem zu konzentrieren, halte inne, bevor Du dem Impuls folgst, Dich zu bewegen. Richte Deine volle Aufmerksamkeit auf das Gefühl. Sobald Du Dir gewahr wirst, wo es sich befindet und Deine Neigung verstehst, es zu verändern, ändere Deine Körperhaltung auf achtsame Weise.

Gewahrsein von geistigen Prozessen

Achte darauf, **wohin der Geist** in Form von Gedanken **wandert**: Mögen oder nicht mögen; Wahrnehmungen oder Empfindungen; Hören von Geräuschen; Gefühle von Ruhe, Traurigkeit, Freude, Frustration oder Erwartung. Nimm diese Gedanken wahr und kehre dann zu Deinen Atembewegungen zurück.

Wenn Dein Geist von einer Fantasie, einem Gedanken, einem Urteil, einer Sorge, einer Empfindung oder einem Geräusch abgelenkt wird, bemerke einfach auf freundliche Weise, dass dies geschieht und kehre zum Atem zurück. Erkenne, dass das Gewahrwerden der Ablenkung wichtig für diese Erfahrung ist – sowohl das Abkehren vom Atem als auch das Zurückkommen.

Achte darauf, wie ein Gedanke zum nächsten führt, und dann zum nächsten. In den Momenten, in denen Du Dich in Gedanken verlierst oder Dein Gewahrsein abschweift, achte darauf, ob Du den Moment des Aufflackerns deines Bewusstseins bemerken kannst, in dem Du erkennst, dass Deine Gedanken abgewandert sind. *Dies* ist ein Moment der Achtsamkeit. Du kannst Dich selbst dafür loben, dass Du es bemerkt hast und dann einfach Deine Aufmerksamkeit auf freundliche und nicht-wertende Weise zum Atem zurückbringen.

Meditation: Vergänglichkeit

Nimm eine bequeme und dennoch aufmerksame Sitzhaltung ein, bei der Dein Rücken gerade, aber nicht starr oder steif ist. Spüre, wie Dein Kopf auf den Schultern ruht; entspanne Gesicht und Kiefer, und lass Deine Arme und Hände in einer bequemen Position ruhen.

Sei aufmerksam gegenüber dem, was in Deiner eigenen bewussten Wahrnehmung geschieht, genau hier und genau jetzt, ohne zu urteilen.

Während Du sitzt, beginne, die **Empfindungen des Atems** wahrzunehmen. Achte einen Moment lang darauf, wie sich Dein Bauch bei jedem Ein- und Ausatmen bewegt, wie die Luft durch Deine Nasenlöcher strömt, wie sich Dein Brustkorb und Deine Schultern leicht heben und senken.

Finde die Stelle in Deinem Körper, an der Du den Atem am deutlichsten spürst, sei es im Bauch, in der Brust oder in den Schultern; achte auf das Strömen der Luft durch Deine Nasenlöcher. Versuche, Deine Aufmerksamkeit auf diesen Punkt zu bewahren.

Sowie Du einatmest, sei Dir des Einatmens gewahr; sowie Du ausatmest, sei Dir des Ausatmens gewahr. Beobachte einfach, wie der Atem in Deinen Körper einströmt und ihn wieder verlässt.

Du wirst feststellen, dass sich Deine Aufmerksamkeit von Zeit zu Zeit vom Atem wegbewegt. Es ist völlig normal, in Erinnerungen, Fantasien, Sorgen, zu erledigende Dinge oder sonstige Gedanken abzuschweifen. Wenn Du

133

feststellst, Dass Dein Gewahrsein abgewandert ist, versuche, dieser Tatsache mit Freundlichkeit zu begegnen. Du brauchst nichts dagegen zu tun. Es gibt nichts zu korrigieren. Anstatt etwas zu erzwingen, versuche neugierig darauf zu werden, wie es sich jetzt gerade – in diesem Moment – anfühlt, zu atmen. Du wirst feststellen, dass Deine Aufmerksamkeit ganz von selbst zu den Empfindungen des Atems zurückkehrt, während dieser sich durch Deinen Körper bewegt.

(Stille)

Nachdem Du nun eine Grundlage der ruhigen Aufmerksamkeit auf den Atem geschaffen hast, möchtest Du Dein Gewahrsein vielleicht auf eine Reihe anderer aufkommender und vergehender Objekte erweitern.

Vielleicht bemerkst Du das Aufkommen von Geräuschen oder Gerüchen, Geschmäckern, körperlichen Empfindungen oder Anblicken – sogar hinter geschlossenen Augen.

(Stille)

Anstatt Dich mit dem Inhalt dieser Empfindungen zu beschäftigen, versuche, Deine Aufmerksamkeit auf ihr Entstehen und Vergehen zu richten. Sei Dir gewahr, dass die Empfindungen erscheinen, verschwinden oder sich einfach verändern. Achte darauf, wie sich der Fluss des Erlebens ständig verändert. Nichts bleibt völlig gleich; nichts ist völlig gewiss.

(Stille)

Wenn Du Dich zu irgendeinem Zeitpunkt von einer bestimmten Empfindung mitreißen lässt – etwa Verkehrsgeräusche, Gerüche oder Geschmäcker –, versuche, Deine Aufmerksamkeit wieder auf den Atem zu lenken und dann sanft zum Prozess der Veränderung zurückzukehren.

(Stille)

Von Augenblick zu Augenblick verändert sich alles in unserem Erleben. Empfindungen kommen und gehen. Vielleicht bemerkst Du auch das Aufkommen und Vergehen von Gedanken, Gefühlen und Emotionen.

(Stille)

Versuche erneut – ohne Dich mit dem Inhalt der Gedanken, Gefühle und Empfindungen zu befassen –, die Aufmerksamkeit auf den Prozess ihres Entstehens und Vergehens zu richten. Achte auf die ständige Veränderung des Erlebens von Augenblick zu Augenblick. Auf eine Erinnerung kann ein Schmerz im Bein folgen; auf den Schmerz im Bein kann eine Frage folgen; auf die Frage kann ein Wutausbruch folgen, und so weiter. Achte darauf, wie jede dieser Erfahrungen kommt, geht oder sich verändert.

Empfindungen, Gedanken und Gefühle sind Teil des Fluss des Erlebens. Versuche, Dich nicht von ihrem Inhalt ablenken zu lassen oder davon, wie wichtig sie Dir erscheinen mögen; sei Dir stattdessen einfach gewahr, dass sie kommen und gehen; dass sie vorübergehend und unbeständig sind.

(Stille)

Während Du diesen ständigen Wandel der Erlebnisse beobachtest und eine sich verändernde Erfahrung nach der
anderen wahrnimmst, kannst Du darüber nachdenken, ob
irgendeine der Empfindungen, Gedanken oder Emotionen
jemals dauerhaft zufriedenstellend sein könnte.

Wird diese Erfahrung andauern? Verändert sie sich?

Ist sie jetzt angenehm? Wird sie immer angenehm sein?

(Stille)

Ist diese Erfahrung jetzt angenehm? Wird sie immer angenehm sein?

(Stille)

Bist "Du" diese Erfahrung ? Ist sie persönlich? Ist sie
in jedem Moment völlig gewiss? Identifizierst Du Dich
wirklich mit dieser Erfahrung – oder ist sie etwas Vorüber-
gehendes, Wechselndes, Unbeständiges?

(Stille)

Und diese Erfahrung nun?

(Stille)

Während sich diese Meditation dem Ende nähert, erkenne
an, dass Du diese Zeit bewusst damit verbracht hast, Dir
Deiner Erfahrung von Moment zu Moment gewahr zu
werden. Du hast die Fähigkeit weiterentwickelt, Deine
Sinne für die Lebendigkeit und den Wandel des gegen-

wärtigen Augenblicks zu öffnen sowie neugierig und offen für alles zu sein, was in Dir aufkommt, ohne zu urteilen.

Wenn Du bereit bist, öffne nun sanft Deine Augen und bringe Deine Aufmerksamkeit zurück in den Raum, in dem Du Dich befindest.

(Ende)

Meditation: Liebevolle Güte (metta)

Nimm eine bequeme und dennoch aufmerksame Sitz-position ein. Während Du Deine Augen sanft schließt, achte auf Deinen Körper und passe die Position gegebenenfalls so an, dass Du sie für die Dauer der Meditation beibehalten kannst. Lege Deine Hände locker auf Deine Beine oder in Deinen Schoß.

Wir beginnen mit ein paar Minuten Konzentrationsübung, um unseren Geist zu beruhigen und in der Gegenwart an-zukommen. Lass Deinem Atem freien Lauf und beobachte, wo Du ihn am deutlichsten spüren kannst. Vielleicht im Bauch, wo Du das Ausdehnen und Zusammenziehen fühlst. Vielleicht im Brustkorb, wo Du das Heben und Senken beim Ein- und Ausatmen spürst. Vielleicht an den Nasen-löchern, wo Du ein leichtes Kitzeln beim Einströmen der Luft spürst – und eine sanfte Wärme, wenn sie den Körper wieder verlässt.

Beim Einatmen kannst Du Deine Aufmerksamkeit sanft auf den Atem richten. Wenn Du ausatmest, nimm bewusst wahr, wie der Atem Deinen Körper verlässt.

(Stille)

Vielleicht bemerkst Du, dass Deine Gedanken abschweifen. Dies bietet Dir die Möglichkeit, Achtsamkeit und Konzent-ration zu üben. Jedes Mal, wenn Du bemerkst, dass der Geist abschweift, stärkst Du Deine Fähigkeit, Dein gegenwärtiges Erleben zu erkennen. Jedes Mal, wenn Du den Geist wieder auf den Atem lenkst, stärkst Du Deine Konzentrations-fähigkeit. Betrachte es als Chance und nicht als Problem.

(Stille)

Beginne nun, Dir selbst *mettā*, also liebevolle Güte, zu schenken. Wir beginnen mit uns selbst, denn ohne uns selbst zu lieben, ist es nahezu unmöglich, andere zu lieben.

Atme sanft und wiederhole im Stillen für Dich die folgenden Botschaften oder andere deiner Wahl, die eine gütige Absicht vermitteln:

«Möge ich von liebevoller Güte erfüllt sein.»
«Möge ich vor inneren und äußeren Gefahren sicher sein.»
«Mögen mein Körper, Herz und Geist gesund sein.»
«Möge ich mich wohlfühlen und glücklich sein.»

Wiederhole diese Sätze mehrere Male und stelle Dir dabei vielleicht vor, wie Du sie empfängst. Wenn das schwierig ist, kann es manchmal hilfreich sein, Dir vorzustellen, wie Du diese Liebe als Kind empfängst. Womöglich tauchen Gefühle wie Ärger, Wut oder Zweifel auf, die im Widerspruch zu liebevoller Güte stehen. Wenn dies geschieht, sei geduldig mit Dir und lass zu, dass alles, was auftaucht, in einem Geist der Freundlichkeit empfangen wird. Kehre dann einfach zu den Botschaften zurück.

(Stille)

Rufe Dir nun jemanden in Erinnerung, der Dir geholfen hat oder besonders gütig zu Dir war. Das kann ein geliebter Mensch, eine Freund*in, eine Lehrer*in oder eine Mentor*in sein. Wenn Dir diese Person in den Sinn kommt, stimme Dich auf Deinen natürlichen Wunsch ein, diese Person glücklich, frei von Leiden und mit dem Leben im

Reinen zu sehen. Beginne, dieser Person die gleichen Worte der liebevollen Güte und Fürsorge anzubieten:

«Mögest Du von liebevoller Güte erfüllt sein.»
«Mögest Du vor inneren und äußeren Gefahren sicher sein.»
«Mögen Dein Körper, Herz und Geist gesund sein.»
«Mögest Du Dich wohlfühlen und glücklich sein.»

(Stille)

Lass diese Person nun los und stelle Dir eine neutrale Person vor. Das kann jemand sein, den Du vielleicht regelmäßig siehst, aber nicht sehr gut kennst. Jemand, der an einem Ort arbeitet, an dem du öfter vorbeikommst; eine Arbeitskolleg*in; jemand, den Du bei einem Meeting gesehen hast; oder vielleicht eine Nachbar*in.

Auch wenn Du dieser Person nicht nahe stehst, kannst Du erkennen, dass diese Person ebenso glücklich sein möchte wie Du. Du brauchst nicht zu wissen, wie ihr Glück konkret aussieht. Biete dieser Person Botschaften der liebevollen Güte an:

«Mögest Du von liebevoller Güte erfüllt sein.»
«Mögest Du vor inneren und äußeren Gefahren sicher sein.»
«Mögen Dein Körper, Herz und Geist gesund sein.»
«Mögest Du Dich wohlfühlen und glücklich sein.»

(Stille)

Lass diese neutrale Person nun los und denke an jemanden, den Du schwierig findest oder dem gegenüber Du Groll hegst oder Eifersucht empfindest, oder von dem Du verletzt wurdest. Wähle nicht unbedingt die schwierigste Person aus Deinem Leben, sondern jemanden, der Dich gerade aufwühlt oder ärgert.

Biete erneut die Worte der liebevollen Güte an und werde Dir dabei gewahr, dass selbst die schwierigsten oder lästigsten Menschen sich wünschen, glücklich und frei von Leiden zu sein:

«Mögest Du von liebevoller Güte erfüllt sein.»
«Mögest Du vor inneren und äußeren Gefahren sicher sein.»
«Mögen Dein Körper, Herz und Geist gesund sein.»
«Mögest Du Dich wohlfühlen und glücklich sein.»

(Stille)

Lass auch diese schwierige Person nun los und versuche, Deine gütigen Wünsche so weit auszudehnen, wie es Deine Vorstellung zulässt – Deine Familie, Deine Freunde, Deine Community, Deine Stadt, Dein Land, Deinen Kontinent, alle Wesen auf der Erde. Nimm die immense Tiefe Deines eigenen Herzens wahr, wenn Du die folgenden Sätze wiederholst:

«Mögen alle Wesen von liebevoller Güte erfüllt sein.»
«Mögen alle Wesen vor inneren und äußeren Gefahren sicher sein.»
«Mögen alle Wesen gesund sein in Körper, Herz und Geist.»
«Mögen alle Wesen sich wohlfühlen und glücklich sein.»

(Stille)

Lass nun alle Gedanken an andere los und richte Deine Aufmerksamkeit wieder auf Deinen eigenen Körper, Deinen

Geist und Dein Herz. Nimm jegliches Unbehagen, jede Anspannung oder Schwierigkeit wahr, die Du erlebst. Spüre,
ob Du eine neue Leichtigkeit, Wärme, Entspannung oder
gar Freude erfährst. Dann, wann immer Du bereit bist,
öffne sanft Deine Augen und richte Deine Aufmerksamkeit
auf den Raum um Dich herum.

(Ende)

Meditation: Mitgefühl (karuṇā)

Nimm eine bequeme und dennoch aufmerksame Sitzposition ein. Während Du Deine Augen sanft schließt, achte auf Deinen Körper und passe die Position gegebenenfalls so an, dass Du sie für die Dauer der Meditation beibehalten kannst. Lege Deine Hände locker auf Deine Beine oder in Deinen Schoß.

Wir beginnen mit ein paar Minuten Konzentrationsübung, um unseren Geist zu beruhigen und in der Gegenwart anzukommen. Lass Deinem Atem freien Lauf und beobachte, wo Du ihn am deutlichsten spüren kannst. Vielleicht im Bauch, wo Du das Ausdehnen und Zusammenziehen fühlst. Vielleicht im Brustkorb, wo Du das Heben und Senken beim Ein- und Ausatmen spürst. Vielleicht an den Nasenlöchern, wo Du ein leichtes Kitzeln beim Einströmen der Luft spürst – und eine sanfte Wärme, wenn sie den Körper wieder verlässt.

Beim Einatmen kannst Du Deine Aufmerksamkeit sanft auf den Atem richten. Wenn Du ausatmest, nimm bewusst wahr, wie der Atem Deinen Körper verlässt.

(Stille)

Vielleicht bemerkst Du, dass Deine Gedanken abschweifen. Dies bietet Dir die Möglichkeit, Achtsamkeit und Konzentration zu üben.

Jedes Mal, wenn Du bemerkst, dass der Geist abschweift, stärkst Du Deine Fähigkeit, Dein gegenwärtiges Erleben zu erkennen. Jedes Mal, wenn Du den Geist wieder auf den

Atem lenkst, stärkst Du Deine Konzentrationsfähigkeit. Betrachte es als Chance und nicht als Problem.

(Stille)

Beginne nun damit, jemandem, den Du liebst oder der Dir wichtig ist und der in irgendeiner Weise gelitten hat oder gegenwärtig Leiden erfährt, Mitgefühl zu schenken. Vielleicht hat er oder sie eine Krankheit, eine Verletzung oder Schwierigkeiten in einer Beziehung erlebt.

Wie fühlst Du Dich, wenn Du an das Leiden dieser Person denkst? Achte auf die Empfindungen in Deinem Herzen. Wie fühlt es sich an? Ändern sich die Empfindungen? Vielleicht bemerkst Du Gefühle von Wärme, Offenheit und Zärtlichkeit? Vielleicht verspürst Du auch Schmerz.

Nimm den Wunsch wahr, das Leiden dieser Person zu lindern. Sage im Stillen zu ihr:

> *«Mögest Du frei von diesem Leiden sein.»*
> *«Mögest Du gütig und sanft zu Dir selbst sein.»*
> *«Mögest Du Frieden und Leichtigkeit finden.»*

(Stille)

Lass nun diese Person los und atme ein und aus. Wenn Du bereit bist, richte Deine Aufmerksamkeit auf Dich selbst. Denke daran, wie Du in der Vergangenheit gelitten hast oder dies gegenwärtig tust. Vielleicht hast Du eine schmerzhafte Beziehung, Krankheit, Verlust oder Ähnliches erfahren oder erlebst so etwas gerade?

Achte auf die Empfindungen in Deinem Herzen. Wie fühlt es sich an? Verändern sich die Empfindungen? Vielleicht bemerkst Du Gefühle von Wärme, Offenheit und Zärtlichkeit. Vielleicht verspürst Du auch Schmerz.

Vielleicht möchtest Du nun Deine Hand auf Deine Brust legen; an die Stelle, an der sich Dein Herz befindet. Erlaube Deinem warmen und zarten Herzen, sich auszuweiten. Sage im Stillen zu Dir selbst:

> *«Möge ich frei von diesem Leiden sein.»*
> *«Möge ich gütig und sanft zu mir selbst sein.»*
> *«Möge ich Frieden und Leichtigkeit finden.»*

Wiederhole diese Botschaften und lass die Gefühle Deinen Körper und Geist durchdringen. Sei geduldig und gütig zu Dir selbst; lass zu, dass alles, was auftaucht, mit Wärme und Zuwendung aufgenommen wird – und kehre dann einfach zu den Botschaften zurück.

(Stille)

Stell Dir nun eine neutrale Person vor. Jemanden, für den Du weder Zu- noch Abneigung verspürst. Vielleicht kennst Du sie nicht einmal besonders gut. Vielleicht ist es jemand, der an einem Ort arbeitet, den du öfter besuchst.

Mach Dir bewusst, dass alle Lebewesen irgendwann einmal auf irgendeine Weise gelitten haben, und lass Mitgefühl aufkommen. Sage im Stillen zu ihnen:

> *«Mögest Du frei von diesem Leiden sein.»*
> *«Mögest Du gütig und sanft zu dir selbst sein.»*

«Mögest Du Frieden und Leichtigkeit finden.»

(Stille)

Lass die Gefühle für diese Person los und atme ein und aus. Erinnere Dich nun an jemanden, den Du nicht besonders magst. Vielleicht hat diese Person Dich auf irgendeine Weise verletzt. Vielleicht ist es am sichersten, niemanden hervorzurufen, der Dir großen Schaden zugefügt hat – vor allem nicht in einer frühen Phase Deiner Genesung. Du kannst jemanden auswählen, den Du nur leicht irritierend findest.

Erkenne, dass alle Lebewesen irgendwann einmal auf irgendeine Weise gelitten haben, und lass Mitgefühl aufkommen, indem Du Dich daran erinnerst, dass die Welt ein viel besserer Ort wäre, wenn sämtliche Lebewesen frei von Leiden und wahrhaftig glücklich wären. Sage im Stillen zu ihnen:

«Mögest Du frei von diesem Leiden sein.»
«Mögest Du gütig und sanft zu dir selbst sein.»
«Mögest Du Frieden und Leichtigkeit finden.»

(Stille)

Lass auch diese Person los und schließe Deine Meditation für alle Wesen überall ab. Sage im Stillen:

«Mögen alle Wesen frei von Leiden sein.»
«Mögen alle Wesen gütig und sanft zu sich selbst und zueinander sein.»
«Mögen alle Wesen Frieden und Leichtigkeit finden.»

(Stille)

Lass nun alle Gedanken an andere los und richte Deine Aufmerksamkeit wieder auf Deinen eigenen Körper, Geist und Herz. Nimm jegliches Unbehagen, jede Anspannung oder Schwierigkeit wahr, die Du empfindest. Sei Dir gewahr, ob Du eine neue Leichtigkeit, Wärme, Entspannung, Erleichterung oder Freude erfährst. Dann, wenn Du bereit bist, öffne Deine Augen und richte Deine Aufmerksamkeit sanft auf den Raum um Dich herum.

(Ende)

Meditation: Mitfreude (mudITā)

Nimm eine bequeme und dennoch aufmerksame Sitz-position ein. Während Du Deine Augen sanft schließt, achte auf Deinen Körper und passe die Position gegebenenfalls so an, dass Du sie für die Dauer der Meditation beibehalten kannst. Lege Deine Hände locker auf Deine Beine oder in Deinen Schoß.

Wir beginnen mit ein paar Minuten Konzentrationsübung, um unseren Geist zu beruhigen und in der Gegenwart an-zukommen. Lass Deinem Atem freien Lauf und beobachte, wo Du ihn am deutlichsten spüren kannst. Vielleicht im Bauch, wo Du das Ausdehnen und Zusammenziehen fühlst. Vielleicht im Brustkorb, wo Du das Heben und Senken beim Ein- und Ausatmen spürst. Vielleicht an den Nasen-löchern, wo Du ein leichtes Kitzeln beim Einströmen der Luft spürst – und eine sanfte Wärme, wenn sie den Körper wieder verlässt.

Beim Einatmen kannst Du Deine Aufmerksamkeit sanft auf den Atem richten. Wenn Du ausatmest, nimm bewusst wahr, wie der Atem Deinen Körper verlässt.

(Stille)

Vielleicht bemerkst Du, dass Deine Gedanken abschweifen. Dies bietet Dir die Möglichkeit, Achtsamkeit und Konzent-ration zu üben. Jedes Mal, wenn Du bemerkst, dass der Geist abschweift, stärkst Du Deine Fähigkeit, Dein gegenwärtiges Erleben zu erkennen. Jedes Mal, wenn Du den Geist wieder auf den Atem lenkst, stärkst Du Deine Konzentrations-fähigkeit. Betrachte es als Chance und nicht als Problem.

(Stille)

Beim Praktizieren von Mitfreude kultivieren wir einen Herz-Geist, der Wertschätzung, Freude und Dankbarkeit für das Glück, das wir in uns und unserer Umgebung finden, ausdrückt.Wir gelangen zu dem Verständnis, dass sich unser eigenes Glück steigert, wenn wir das Glück anderer zu würdigen wissen.

Wir können unser Praktizieren von Mitfreude beginnen, indem wir die folgenden Botschaften still wiederholen:

> *«Möge ich glücklich sein über die Freude, die ich verspüre.»*
> *«Möge sich meine Freude mehren.»*
> *«Möge ich dankbar und zufrieden sein.»*

(Stille)

Rufe Dir nun jemanden in Erinnerung, der Dir geholfen hat oder besonders gütig zu Dir war. Das kann ein geliebter Mensch, eine Freund*in, eine Lehrer*in oder eine Mentor*in sein. Wenn Dir diese Person in den Sinn kommt, stimme Dich auf Deinen natürlichen Wunsch ein, diese Person glücklich, frei von Leiden und mit dem Leben im Reinen zu sehen. Beginne, dieser Person die gleichen Worte der liebevollen Güte und Fürsorge anzubieten.

Dabei versuchen wir, jeglicher Gier, Böswilligkeit, Eifersucht oder Neid entgegenzuwirken – und anzuerkennen, dass unsere Freude mit der Freude anderer zusammenhängt.

Wiederhole im Stillen die folgenden Botschaften:

*«Ebenso wie ich glücklich über meine eigene Freude bin,
bin ich glücklich über die Freude, die Du verspürst.»
«Möge sich Deine Freude mehren.»
«Mögest Du dankbar und zufrieden sein.»*

(Stille)

Lass diese Person nun los und stelle Dir eine neutrale Person vor. Das kann jemand sein, den Du vielleicht regelmäßig siehst, aber nicht sehr gut kennst. Jemand, der an einem Ort arbeitet, an dem du öfter vorbeikommst; eine Arbeitskolleg*in; jemand, den Du bei einem Meeting gesehen hast; oder vielleicht eine Nachbar*in.

Auch wenn Du dieser Person nicht nahe stehst, kannst Du erkennen, dass diese Person ebenso glücklich sein möchte wie Du. Du brauchst nicht zu wissen, wie ihr Glück konkret aussieht.

Biete auch dieser Person Botschaften der Mitfreude an – in dem Bewusstsein, dass du nicht für ihr Glück verantwortlich bist:

*«Ich bin glücklich über die Freude, die Du verspürst.»
«Möge sich Deine Freude mehren.»
«Mögest Du dankbar und zufrieden sein.»*

(Stille)

Lass diese neutrale Person nun los und denke an jemanden, den Du schwierig findest oder dem gegenüber Du Groll hegst oder Eifersucht empfindest, oder von dem Du verletzt wurdest. Wähle nicht unbedingt die schwierigste

Person aus Deinem Leben, sondern jemanden, der Dich gerade aufwühlt oder ärgert.

Biete auch dieser Person die Botschaften der liebevollen Güte an – in dem Bewusstsein, dass jede*r für das eigene Glück und Wohlbefinden verantwortlich ist:

«Ich bin glücklich über die Freude, die Du verspürst.»
«Möge sich Deine Freude mehren.»
«Mögest Du dankbar und zufrieden sein.»

(Stille)

Lass auch diese schwierige Person nun los und dehne Deine Freude auf alle Wesen aus:

«Ich bin glücklich über die Freude aller Wesen.»
«Möge sich Eure Freude mehren.»
«Mögen wir alle dankbar und zufrieden sein.»

(Stille)

Lass nun alle Gedanken an andere los und richte Deine Aufmerksamkeit wieder auf Deinen eigenen Körper, Deinen Geist und Dein Herz. Nimm jegliches Unbehagen, jede Anspannung oder Schwierigkeit wahr, die Du erlebst. Spüre, ob Du eine neue Leichtigkeit, Wärme, Entspannung oder gar Freude erfährst. Dann, wann immer Du bereit bist, öffne sanft Deine Augen und richte Deine Aufmerksamkeit auf den Raum um Dich herum.

(Ende)

Meditation: Gleichmut (upekṣā)

Nimm eine bequeme und dennoch aufmerksame Sitzposition ein. Während Du Deine Augen sanft schließt, achte auf Deinen Körper und passe die Position gegebenenfalls so an, dass Du sie für die Dauer der Meditation beibehalten kannst. Lege Deine Hände locker auf Deine Beine oder in Deinen Schoß.

Wir beginnen mit ein paar Minuten Konzentrationsübung, um unseren Geist zu beruhigen und in der Gegenwart anzukommen. Lass Deinem Atem freien Lauf und beobachte, wo Du ihn am deutlichsten spüren kannst. Vielleicht im Bauch, wo Du das Ausdehnen und Zusammenziehen fühlst. Vielleicht im Brustkorb, wo Du das Heben und Senken beim Ein- und Ausatmen spürst. Vielleicht an den Nasenlöchern, wo Du ein leichtes Kitzeln beim Einströmen der Luft spürst – und eine sanfte Wärme, wenn sie den Körper wieder verlässt.

Beim Einatmen kannst Du Deine Aufmerksamkeit sanft auf den Atem richten. Wenn Du ausatmest, nimm bewusst wahr, wie der Atem Deinen Körper verlässt.

(Stille)

Vielleicht bemerkst Du, dass Deine Gedanken abschweifen. Dies bietet Dir die Möglichkeit, Achtsamkeit und Konzentration zu üben. Jedes Mal, wenn Du bemerkst, dass der Geist abschweift, stärkst Du Deine Fähigkeit, Dein gegenwärtiges Erleben zu erkennen. Jedes Mal, wenn Du den Geist wieder auf den Atem lenkst, stärkst Du Deine Konzentrationsfähigkeit. Betrachte es als Chance und nicht als Problem.

(Stille)

Beim Praktizieren von Gleichmut kultivieren wir einen ausgeglichenen Geist und Herz, so dass wir Frieden mit unserer Umgebung finden. Unter Gleichmut verstehen wir, dass unser Glück und unser Leiden nicht durch unsere Erfahrungen und Umstände verursacht werden, sondern durch unsere Haltung dazu.

Wir können unser Praktizieren von Gleichmut beginnen, indem wir die folgenden Botschaften still wiederholen:

> *«Ich bin für mein eigenes Handeln verantwortlich».*
> *«Ich bin verantwortlich für die Energie und Aufmerksamkeit, die ich meinen Gedanken, Gefühlen und Erfahrungen schenke.»*
> *«Möge ich eine wahre Quelle des Glücks finden.»*
> *«Möge ich Frieden genau dort finden, wo ich bin.»*

(Stille)

Rufe Dir nun jemanden in Erinnerung, der Dir geholfen hat oder besonders gütig zu Dir war. Das kann ein geliebter Mensch, eine Freund*in, eine Lehrer*in oder eine Mentor*in sein. Wenn Dir diese Person in den Sinn kommt, stimme Dich auf Deinen natürlichen Wunsch ein, diese Person glücklich, frei von Leiden und mit dem Leben im Reinen zu sehen. Beginne, dieser Person die gleichen Worte der liebevollen Güte und Fürsorge anzubieten.

Die Übung besteht darin, zu erkennen, dass wir dieser Person zwar Mitgefühl entgegenbringen können, aber keine Kontrolle über ihr Glück haben. Gleichmut hilft uns,

uns unabhängig vom Ergebnis auf unsere eigene Praxis zu konzentrieren.

Wiederhole still die folgenden Botschaften:

> *«Unabhängig davon, was ich mir für Dich wünsche, liegt Dein Glück nicht in meiner Hand.»*
> *«Alle Lebewesen sind für das Leiden oder Glück verantwortlich, das durch ihre eigenen Handlungen entsteht.»*
> *«Mögest Du eine wahre Quelle des Glücks finden.»*
> *«Mögest Du Frieden genau dort finden, wo Du bist.»*

(Stille)

Lass diese Person nun los und stelle Dir eine neutrale Person vor. Das kann jemand sein, den Du vielleicht regelmäßig siehst, aber nicht sehr gut kennst. Jemand, der an einem Ort arbeitet, an dem du öfter vorbeikommst; eine Arbeitskolleg*in; jemand, den Du bei einem Meeting gesehen hast; oder vielleicht eine Nachbar*in.

Auch wenn Du dieser Person nicht nahe stehst, kannst Du erkennen, dass diese Person ebenso glücklich sein möchte wie Du. Du brauchst nicht zu wissen, wie ihr Glück konkret aussieht.

Biete dieser Person die Botschaften des Gleichmuts an und erkenne an, dass Du nicht für ihr Glück verantwortlich bist.

> *«Unabhängig davon, was ich mir für Dich wünsche, liegt Dein Glück nicht in meiner Hand.»*
> *«Alle Lebewesen sind für das Leiden oder Glück verantwortlich, das durch ihre eigenen Handlungen entsteht.»*

«Mögest Du tun, was getan werden muss, um Dein Glück zu finden.»
«Mögest Du Frieden genau dort finden, wo Du bist.»

(Stille)

Lass diese neutrale Person nun los und denke an jemanden, den Du schwierig findest oder dem gegenüber Du Groll hegst oder Eifersucht empfindest, oder von dem Du verletzt wurdest. Wähle nicht unbedingt die schwierigste Person aus Deinem Leben, sondern jemanden, der Dich gerade aufwühlt oder ärgert.

Biete die Botschaften des Gleichmuts erneut mit der Absicht an, anzuerkennen, dass diese Menschen für ihr Glück und ihr Wohlbefinden selbst verantwortlich sind:

«Unabhängig davon, was ich mir für Dich wünsche, liegt Dein Glück nicht in meiner Hand.»
«Alle Lebewesen sind für das Leiden oder Glück verantwortlich, das durch ihre eigenen Handlungen entsteht.»
«Mögest Du eine wahre Quelle des Glücks finden.»
«Mögest Du Frieden genau dort finden, wo du bist.»

(Stille)

Lass nun alle Gedanken an andere los und richte Deine Aufmerksamkeit wieder auf Deinen eigenen Körper, Deinen Geist und Dein Herz. Nimm jegliches Unbehagen, jede Anspannung oder Schwierigkeit wahr, die Du erlebst. Spüre, ob Du eine neue Leichtigkeit, Wärme, Entspannung oder gar Freude erfährst. Dann, wann immer Du bereit bist,

öffne sanft Deine Augen und richte Deine Aufmerksamkeit
auf den Raum um Dich herum.

(Ende)

Meditation: Vergebung

Nimm eine bequeme und dennoch aufmerksame Sitz-position ein. Während Du Deine Augen sanft schließt, achte auf Deinen Körper und passe die Position gegebenenfalls so an, dass Du sie für die Dauer der Meditation beibehalten kannst. Lege Deine Hände locker auf Deine Beine oder in Deinen Schoß.

Wir beginnen mit ein paar Minuten Konzentrationsübung, um unseren Geist zu beruhigen und in der Gegenwart an-zukommen. Lass Deinem Atem freien Lauf und beobachte, wo Du ihn am deutlichsten spüren kannst. Vielleicht im Bauch, wo Du das Ausdehnen und Zusammenziehen fühlst. Vielleicht im Brustkorb, wo Du das Heben und Senken beim Ein- und Ausatmen spürst. Vielleicht an den Nasen-löchern, wo Du ein leichtes Kitzeln beim Einströmen der Luft spürst – und eine sanfte Wärme, wenn sie den Körper wieder verlässt.

Beim Einatmen kannst Du Deine Aufmerksamkeit sanft auf den Atem richten. Wenn Du ausatmest, nimm bewusst wahr, wie der Atem Deinen Körper verlässt.

(Stille)

Vielleicht bemerkst Du, dass Deine Gedanken abschweifen. Dies bietet Dir die Möglichkeit, Achtsamkeit und Konzent-ration zu üben. Jedes Mal, wenn Du bemerkst, dass der Geist abschweift, stärkst Du Deine Fähigkeit, Dein gegenwärtiges Erleben zu erkennen. Jedes Mal, wenn Du den Geist wieder auf den Atem lenkst, stärkst Du Deine Konzentrations-fähigkeit. Betrachte es als Chance und nicht als Problem.

(Stille)

Beginne nun, Dir selbst Vergebung anzubieten. Wir fangen mit uns selbst an, denn es ist nahezu unmöglich, anderen wirklich zu vergeben, solange wir noch Groll gegen uns selbst hegen.

Wir haben uns auf verschiedenste Weisen selbst verletzt und geschadet. Wir haben uns viele Male durch Gedanken, Worte oder Taten betrogen oder im Stich gelassen – sei es wissentlich oder unwissentlich.

Spüre Deinen eigenen, kostbaren Körper und das Leben in ihm, so wie Du hier und jetzt bist. Werde Dir gewahr, auf welche Weisen Du Dich selbst verletzt oder Dir geschadet hast. Male sie Dir aus, erinnere Dich an sie. Öffne Dich für den Kummer, den Du dadurch davongetragen hast, und erlaube Dir, diese Last loszulassen.

Atme sanft und wiederhole still die folgenden Botschaften:

> *«Ich vergebe mir selbst für die Art und Weise, wie ich mich durch Handeln oder Nichthandeln verletzt habe.»*
> *«Ich weiß, dass ich aus Angst, Schmerz und Verwirrung gehandelt habe und biete mir heute Vergebung an.»*
> *«Ich vergebe mir.»*

Wiederhole diese Sätze und lass die Gefühle Deinen Körper und Geist durchdringen. Es kann sein, dass der Vergebung entgegenstehende Gefühle wie Ärger, Wut oder Schuldgefühle in Dir aufkommen. Wenn dies geschieht, sei geduldig und gütig mit Dir selbst und lass zu, dass alles, was aufkommt, in einem Geist der Freundlichkeit und

Zuneigung empfangen wird. Kehre dann einfach zu den Botschaften zurück.

(Stille)

Möglicherweise wurde Dir auf verschiedene Weisen von anderen Schaden zugefügt. Vielleicht bist Du – sei es wissentlich oder unwissentlich – in Gedanken, Worten oder Taten misshandelt oder im Stich gelassen worden.

Lass es zu, Dir diese Verletzungen vorzustellen und Dich daran zu erinnern. Sei offen für den Schmerz, den Du durch die Handlungen anderer erlitten hast, und gib Dir die Erlaubnis, diese Last des Schmerzes loszulassen – zumindest für den Moment –, indem Du Vergebung gewährst, soweit Dein Herz dazu bereit ist.

Ruf Dir einen oder mehrere Menschen ins Gedächtnis, die Dich verletzt haben, und wiederhole dann still die folgenden Botschaften:

«Ich erinnere mich, wie Du mich aus Deiner eigenen Angst, Deinem Schmerz, Deiner Verwirrung und Deiner Wut heraus verletzt oder mir Schaden zugefügt hast.»
«Ich habe diesen Schmerz zu lange in meinem Herzen getragen. Zumindest für den Moment biete ich Dir meine Vergebung an.»
«Allen, die mir Schaden zugefügt haben, biete ich meine Vergebung an.»
«Ich vergebe Dir.»

(Stille)

Möglicherweise haben wir auf verschiedene Weisen andere verletzt, sie verraten, ihnen Schaden oder anderweitig Leiden zugefügt. Wir haben wissentlich oder unwissentlich aus unserem eigenen Schmerz, unserer Angst, unserem Ärger und unserer Verwirrung heraus Schaden angerichtet.

Erinnere Dich und führe Dir vor Augen, wie Du andere verletzt hast. Male Dir jede Erinnerung aus, die Dein Herz noch immer belastet. Erkenne den Schmerz an, den Du aus Deiner eigenen Angst und Verwirrung heraus verursacht hast. Öffne Dich für Deinen eigenen Kummer und Dein Bedauern. Gib Dir die Erlaubnis, diese Last endlich loszulassen und um Vergebung zu bitten.

Biete einer oder mehrerer dieser Personen in Deiner Vorstellung die folgende Botschaft an:

«Ich weiß, dass ich Dich durch meine Gedanken, Worte oder Taten verletzt habe, und ich bitte Dich um Vergebung.»

(Stille, ggf. Wiederholung der Botschaft)

Lass nun alle Gedanken an andere los und richte Deine Aufmerksamkeit wieder auf Deinen eigenen Körper, Deinen Geist und Dein Herz. Nimm jegliches Unbehagen, jede Anspannung oder Schwierigkeit wahr, die Du empfindest. Achte darauf, ob Du eine neue Leichtigkeit, Wärme, Entspannung, Erleichterung oder Freude empfindest. Dann, wenn Du bereit bist, öffne Deine Augen und richte Deine Aufmerksamkeit sanft auf den Raum um dich herum.

(Ende)

Glossar

Der Überlieferung nach lernten die Anhänger des *Buddha* seine Lehren auswendig, nachdem er im fünften Jahrhundert v. Chr. starb. Um sie zu bewahren, wurden die Lehren laut rezitiert und von Mönchen und Nonnen von Generation zu Generation weitergegeben. Schließlich wurden sie Jahrhunderte später in der Sprache *Pāḷi* (nachfolgend: Pali) niedergeschrieben.

Viele buddhistische Ideen werden noch immer in Pali oder in einer sehr eng verwandten Sprache namens Sanskrit wiedergegeben, da sie schwer in andere Sprachen zu übersetzen sind. Daher sind die folgenden Definitionen nur grobe Annäherungen. Es kann von Vorteil sein, das Verständnis der Wahrheiten hinter diesen Worten durch Reflexion und persönliche Praxis zu vertiefen.

Buddha (Pali und Sanskrit): Ein persönlicher Titel, der «der Erwachte» oder «der Erleuchtete» bedeutet; wird meist für Siddhārtha Gautama Buddha, den Gründer des Buddhismus, verwendet.

Dāna (Pali und Sanskrit): Großzügigkeit; Wohltätigkeit. Bezieht sich traditionell auf das Geben von Almosen oder Spenden an klösterliche oder spirituell entwickelte Menschen.

Dharma (Sanskrit; *Dhamma* in Pali): Die Lehren des *Buddha*; die Natur der Realität; Phänomene.

Dukkha (Pali; *Duḥkha* in Sanskrit): Kummer; Stress; Unbefriedigung; das Leiden im Leben, das durch das Festhalten an vergänglichen Phänomenen verursacht wird, als ob sie von Dauer wären.

Kalyāṇa-mitta (Pali; *Kalyāṇa-mitra* in Sanskrit): Guter Freund; weiser Gefährte; ein Lehrer oder Mentor im Sinne des *Dharma*.

Karma (Sanskrit; *Kamma* in Pali): Handlung; Tun; Ursache und Wirkung; absichtliche Aktivität, die zu unmittelbaren und zukünftigen Folgen führt.

Karuṇā (Pali und Sanskrit): Mitgefühl; Güte; der Wunsch, Schaden und Leiden von sich und anderen zu entfernen.

Mettā (Pali; *Maitrī* in Sanskrit): Liebevolle Güte; Wohlwollen; Freundlichkeit; ein aktiver Wunsch nach dem Wohlergehen und Glück von sich selbst und anderen.

Muditā (Pali und Sanskrit): Die mitfühlende, anerkennende Freude über den Erfolg und das Glück der anderen.

Saṅgha (Pali; *Saṃgha* in Sanskrit): Traditionell die Gemeinschaften der buddhistischen Mönche und Nonnen; Anhänger des Buddha, sowohl Mönche als auch Laien.

Sukha (Pali und Sanskrit): Ruhige Freude; Leichtigkeit; ungehinderter Fluss; das Gegenteil von *Dukkha*.

Upekkhā (Pali; *Upekṣā* in Sanskrit): Gleichmut; Ausgeglichenheit des Geistes; Gelassenheit; unerschütterliche Freiheit des Geistes; ein Zustand innerer Ausgeglichenheit, der nicht durch Gewinn und Verlust gestört werden kann.

Ablauf eines Recovery Dharma Meetings

Das nachfolgende Skript ist als Vorlage gedacht. Einzelne Meeting-Gruppen können es in Arbeitsmeetings besprechen, verändern oder andere Formate verwenden, um den Bedürfnissen ihrer Sangha gerecht zu werden. Dabei sollten auch Inhalt und Länge der einzelnen Elemente gemeinsam besprochen und beschlossen werden.

Gesonderte Materialien wie das Ablaufskript und einzelne Meditationen können auch auf recovery-dharma.de abgerufen und für das Meeting ausgedruckt werden.

Vor Beginn der Sitzung kann die Moderator*in Freiwillige finden, welche die folgenden Texte vorlesen werden:

- *Die Praxis*
- *Die vier edlen Wahrheiten und der achtfache Pfad*
- *Die Widmung*

Eröffnung

Herzlich willkommen zum Meeting von Recovery Dharma in [*Name der Stadt*]. Wir haben uns heute hier versammelt, um einen buddhistisch inspirierten Ansatz zur Genesung von allen Arten der Sucht zu erkunden.

Wir werden von Gleichgesinnten geleitet und folgen keinem bestimmten Führer oder Lehrer, sondern vertrauen auf die Weisheit des *Buddha* (das Potenzial für unser eigenes Erwachen), den *Dharma* (die Wahrheit bzw. die Lehren) und die *Sangha* (unsere Gemeinschaft von weisen Freund*innen auf diesem Pfad).

Unser Programm ist eines der Selbstbefähigung und verlangt von uns nicht, an etwas anderes zu glauben als an unser eigenes Potenzial zur Veränderung und Genesung. Wir haben in den buddhistischen Lehren der *vier edlen Wahrheiten* und des *achtfachen Pfades* einen Leitfaden dafür gefunden und wir laden Euch ein, diese Praktiken und Prinzipien als Hilfsmittel für Euren eigenen Weg der Befreiung vom Leiden der Sucht zu untersuchen. Wir sind uns bewusst, dass dies nicht der einzige Weg zur Genesung ist und einige von uns werden sich dafür entscheiden, diese Praktiken mit anderen Selbsthilfegruppen oder Genesungs-Programmen zu kombinieren.

Mein Name ist _____ und ich bin heute Moderator*in dieses Meetings. Ich bin weder buddhistische Lehrer*in, noch habe ich eine besondere Autorität in diesem Meeting. Ich bin Mitglied dieser Gemeinschaft und habe mich freiwillig bereit erklärt, unser Meeting und die Gespräche heute zu leiten.

Möchte bitte jemand «**Die Praxis**» vorlesen?

Die Praxis

Entsagung: Unter *Sucht* verstehen wir das überwältigende Verlangen nach und den zwanghaften Gebrauch von Substanzen oder Verhaltensweisen, um der gegenwärtigen Realität zu entkommen – indem man sich entweder an Vergnügen festklammert oder vor Schmerz davonläuft. Wir verpflichten uns, die Abstinenz von Alkohol und anderen Suchtmitteln anzustreben. Diejenigen von uns mit nichtstofflichen Süchten (insbesondere diejenigen, bei denen eine vollständige Abstinenz nicht möglich ist), verpflichten sich, weise Grenzen für ihr schädliches Verhalten zu ziehen, vorzugsweise mit Hilfe einer Mentor*in oder einer therapeutischen Fachkraft.

Meditation: Wir beabsichtigen und verpflichten uns, eine tägliche Meditationspraxis zu entwickeln. Wir nutzen Meditation als Werkzeug, um unsere Handlungen, Absichten und Reaktivität zu untersuchen. Meditation ist eine persönliche Praxis; wir verpflichten uns, uns ausgewogen um diese und andere heilsame, für unsere Reise angemessene Praktiken zu bemühen.

Meetings: Wann immer es uns möglich ist, nehmen wir an Meetings teil, persönlich und/oder online. Einige möchten vielleicht auch an anderen Genesungsgruppen oder buddhistischen Gemeinschaften teilnehmen. Es wird empfohlen, in der frühen Phase der Genesung so oft wie möglich an solchen Meetings teilzunehmen. Für viele bedeutet das vielleicht sogar jeden Tag. Wir verpflichten uns auch, ein aktiver Teil dieser Gemeinschaft zu werden und unsere eigenen Erfahrungen zu teilen und Hilfe anzubieten, wo immer es möglich ist.

Der Pfad: Wir verpflichten uns, unser Verständnis der *vier edlen Wahrheiten* zu vertiefen und den *achtfachen Pfad* in unserem täglichen Leben zu praktizieren.

Bestandsaufnahme und Untersuchung: Indem wir ausführliche, detaillierte Bestandsaufnahmen vornehmen und mit anderen teilen, erforschen wir, wie wir die *vier edlen Wahrheiten* in Bezug auf unser Suchtverhalten anwenden können. Daran kann unter der Anleitung einer Mentor*in, mit einer vertrauenswürdigen Freund*in oder in einer Gruppe gearbeitet werden. Sowie wir unsere (schriftlichen) Bestandsaufnahmen durchführen, verpflichten wir uns, Verantwortung für unser Handeln zu übernehmen. Dies schließt auch die Wiedergutmachung für den Schaden mit ein, den wir in der Vergangenheit verursacht haben.

Sangha, weise Freund*innen, Mentor*innen: Wir pflegen Beziehungen innerhalb der Gemeinschaft, um sowohl unsere eigene, als auch die Genesung von anderen zu unterstützen. Nachdem wir die Arbeit an unseren Bestandsaufnahmen abgeschlossen, eine Meditationspraxis aufgebaut und Abstinenz von unserem Suchtverhalten erreicht haben, können wir Mentor*innen werden, um anderen auf ihrem Weg zur Freiheit von der Sucht zu helfen. Jeder, der bereits eine gewisse Zeit der Abstinenz und Praxis hinter sich hat, kann anderen in seiner *Sangha* dienen. Wenn keine Mentor*innen zur Verfügung stehen, kann eine Gruppe von weisen Freund*innen der Selbsterforschung dienen und sich gegenseitig in der Praxis unterstützen.

Wachstum: Wir setzen unsere Studien der buddhistischen Praktiken fort, indem wir lesen, *Dharma*-Vorträge hören, Genesungs- und spirituelle *Sanghas* besuchen sowie dort Mitglied werden und an Meditations- oder *Dharma*-Retreats teilnehmen – sofern wir glauben, dass diese Praktiken zu unserem Verständnis und unserer Weisheit beitragen. Wir begeben uns auf eine lebenslange Reise des Wachstums und des Erwachens.

Möchte bitte jemand «**Die vier edlen Wahrheiten und der achtfache Pfad**» vorlesen?

Die vier *edlen Wahrheiten* und der *achtfache Pfad*

Als Menschen, die mit Sucht zu kämpfen hatten, sind wir mit der Realität des Leidens bereits bestens vertraut. Selbst wenn wir noch nie etwas vom *Buddha* gehört haben, verstehen wir in gewisser Weise bereits den Kern seiner Lehren: In diesem Leben gibt es Leiden.

Der *Buddha* lehrte auch den Weg, wie wir uns von diesem Leiden befreien können. Das Herzstück dieser Lehren (die wir *Dharma* nennen) sind die *vier edlen Wahrheiten*. Diese Wahrheiten und die dazugehörigen Selbstverpflichtungen sind die Grundlage unseres Programms:

1. **Es gibt Leiden.** Wir verpflichten uns, die Wahrhaftigkeit des Leidens anzuerkennen.

2. **Es gibt eine Ursache für das Leiden.** Wir verpflichten uns anzuerkennen, dass Verlangen zu Leiden führt.

3. **Es gibt ein Ende des Leidens.** Wir verpflichten uns anzuerkennen, dass weniger Verlangen zu weniger Leiden führt.

4. **Es gibt einen Pfad, der zum Ende des Leidens führt.** Wir verpflichten uns, diesen Pfad zu pflegen.

Der *Buddha* lehrte, dass man ethisch leben muss. Wenn wir Meditation praktizieren und Weisheit und Mitgefühl entwickeln, können wir das Leiden beenden, das durch Widerstand, Weglaufen und Missverständnis der Realität entsteht. Wir haben festgestellt, dass diese Praktiken und Prinzipien das Leiden der Sucht beenden können. Der *achtfache Pfad* hilft uns, unseren Weg in der Genesung zu finden, und besteht aus den folgenden Elementen:

i. *Rechte Erkenntnis*
ii. *Rechte Absicht*
iii. *Rechte Rede*
iv. *Rechtes Handeln*
v. *Rechter Lebenserwerb*
vi. *Rechte Anstrengung*
vii. *Rechte Achtsamkeit*
viii. *Rechte Konzentration*

Vorstellungsrunde

In dem Bemühen, eine Gemeinschaft aufzubauen und uns gegenseitig kennenzulernen, stellen wir uns zu Beginn jedes Treffens vor: Dazu genügt Dein Vorname und, wenn Du möchtest, Dein bevorzugtes Pronomen.

Mein Name ist _____ (und ich benutze die Pronomen: _____).

Meditation

Wir werden nun eine angeleitete Meditation zum Thema [*Bezeichnung der Meditation*] durchführen.

Deine Augen können dabei geschlossen oder sanft geöffnet sein. Bei geöffneten Augen kann es nützlich sein, den Blick leicht nach unten zu senken. Meditation ist eine sehr persönliche Praxis und wir wollen Dich ermutigen, sie mit einem Geist der Offenheit und Neugier zu erkunden. Wir sind im Begriff zu lernen, Unbehagen auszuhalten, aber Meditation kann bei einigen von uns starke Emotionen hervorrufen. Wenn Du währenddessen feststellst, dass Du Dich zurücknehmen musst, kannst Du dies auf folgende Weise tun: die Augen öffnen; ein paar tiefe, langsame Atemzüge nehmen; eine Hand auf Dein Herz und/oder Deinen Bauch legen; die Aufmerksamkeit auf einen beruhigenden Gegenstand im Raum richten; Dir einen positiven Ort oder eine Aktivität vorstellen bzw. Dich an eine solche erinnern; oder Deine Sitzposition verändern. Denke daran, gütig und sanft zu Dir selbst zu sein. Es ist auch während der Meditation immer in Ordnung, für Dich selbst zu sorgen.

Wenn Du während der Meditation aufstehen musst, mache das bitte so leise wie möglich und warte mit Fragen und Kommentaren bis nach der Meditation.

Textbesprechung

Die Meetings können entweder in Form einer Textbesprechung, der Reflexion eines bestimmten Themas oder auch in einem anderen Format stattfinden.

Textbesprechung (Variante 1): Wir werden nun reihum aus dem Recovery Dharma-Buch (*ggf. auch einem anderen buddhistischen Buch*) vorlesen und dann das Meeting für die Reflexion eröffnen. Wenn Du nicht vorlesen möchtest, kannst Du gern einfach weitergeben.

Themenbesprechung (Variante 2): _____[Redner*in] wird nun für ___ Minuten über _____[*Thema zu Sucht, Genesung, Buddhismus oder Deinen Erfahrungen dazu*] sprechen und dann werden wir die Sitzung für die Reflexion eröffnen.

Teilen mit der Gruppe

Dabei kann reihum, per Handzeichen oder nach einer anderen von der Moderator*in festgelegten Reihenfolge geteilt werden.

Bitte beschränke Deinen Beitrag auf ___ Minuten, um sicherzustellen, dass jeder, der möchte, zu Wort kommen kann. Wir verpflichten uns, diesen Raum so sicher und einladend wie möglich für alle Mitglieder unserer Gemeinschaft zu gestalten. Bitte achte darauf, möglichst in der Ich-Form zu sprechen und Dich auf Deine eigenen Erfahrungen mit Sucht, Genesung, buddhistischen Prinzipien und Praktiken oder das Thema des heutigen Abends zu konzentrieren. Wir bitten Dich, den Beitrag einer anderen Person nicht zu kommentieren oder Meinungen oder Ratschläge anzubieten. Solltest Du nach dem Meeting mit ihr darüber sprechen wollen, frage sie bitte zunächst auf achtsame Weise, ob sie das möchte.

Schluss

Mehr Zeit zum Austausch haben wir heute leider nicht. Danke, dass Ihr heute bei uns wart. Um die Privatsphäre zu respektieren und ein sicheres Umfeld für alle Anwesenden zu schaffen, bitten wir Dich, alles, was in diesem Meeting gesagt wurde und wer anwesend war, vertraulich zu behandeln. Wir ermutigen Dich, Deine Meditationspraxis und Dein Studium der buddhistischen Lehre fortzusetzen und auf andere zuzugehen, um unsere Gemeinschaft zu stärken.

Würden sich alle, die bereit sind, nach dem Treffen mit Newcomern zu sprechen, bitte melden?

Ankündigungen

Gibt es Ankündigungen oder Meilensteine?

[Ankündigungen über Aufräumarbeiten, Telefon-/E-Mail-Liste, zu verkaufende Bücher, kostenlose Handouts, bevorstehende Retreats oder andere die Gruppe betreffende Neuigkeiten]

Wir reichen nun den Korb für *dāna* herum; das ist ein buddhistischer Begriff für die Praxis des Gebens bzw. der Großzügigkeit. Bitte gib, was Du kannst, um das Meeting zu unterstützen.

Widmung

Freiwillige können vorlesen oder es können Kopien ausgeteilt werden, um sie in der Gruppe zu lesen. Einzelne Treffen und Sanghas können ihre eigenen Widmungen verfassen.

Wir schließen nun mit der Widmung unseres Verdienstes:

Zuflucht entsteht nicht an einem bestimmten Ort, sondern im Raum der Güte unserer Herzen. Wenn dieser Raum von Weisheit, Respekt und Liebe durchdrungen ist, nennen wir ihn *Sangha*. Wir hoffen, dass der Schmerz der Sucht, des Traumas und des Gefühls vom Getrenntsein uns tatsächlich zu unserem Herzen zurückführt und dass wir Mitgefühl, Weisheit und Veränderung immer tiefgehender verstehen können. Wir haben durch das Praktizieren gelernt, dass großer Schmerz das Gute nicht auslöscht – sondern es prägt.

Mögen wir das Beste aus unserer Praxis machen und die Freiheit nutzen, die sich aus unseren heutigen Bemühungen ergibt. Möge dies Ursache und Bedingung für weniger Leid und mehr Sicherheit in unser aller Welt sein.

[Ende des Meetings]

Grundabsichten

Recovery Dharma bietet einen Ansatz zur Genesung, der auf einer Meditationspraxis und der Entdeckung buddhistischer Lehren fußt. Unser Programm wird von Gleichgesinnten geleitet und basiert nicht auf einem religiösen Glauben.

Jeder, der Genesung sucht, ist bei uns willkommen.

Es ist unsere Absicht,

1. sichere sowie heilsame Meetings und die entsprechenden Strukturen dafür zu schaffen und zu bewahren;

2. die Vertraulichkeit in Bezug auf Teilnehmer*innen und Inhalte unserer Meetings zu respektieren;

3. gleichgesinnten Leidenden im Geiste der Großzügigkeit Unterstützung anzubieten;

4. die Dienste von Fachleuten in Anspruch zu nehmen, falls dies für die Funktionsweise unserer Organisation erforderlich ist;

5. sicherzustellen, dass all unsere Aktivitäten, Retreats und Konferenzen von uns gleichberechtigt und eigenverantwortlich geleitet werden; wir können ggf. Dharma- und Meditationslehrer*innen auf freiwilliger Spendenbasis engagieren;

6. im Hinblick auf Meeting-Formate, Literatur, Medi-

tationen und Unterweisungen unserem Programm treu zu bleiben;

7. Entscheidungen dergestalt zu treffen, dass die Stimme eines jeden Mitglieds gehört und respektiert wird;

8. die Unabhängigkeit von anderen Organisationen, Behörden, Lehrer*innen oder Gruppen zu wahren;

9. Spenden nur im Einklang mit unserem Ziel der Unabhängigkeit und Selbstbestimmung anzunehmen und zu verwalten;

10. bei unseren Entscheidungsfindungen und Finanzgeschäften Integrität, Verantwortung und Transparenz walten zu lassen.